Anne L. Biwer

Körperzeichen

Die wichtigsten Merkmale
von Gesicht und Körper
erkennen und deuten

Als Vorlage diente die im Jahre 2004
im Schirner Verlag erschienene Ausgabe

ISBN 978-3-89767-588-9

4. Auflage 2010

Umschlaggestaltung: Murat Karaçay
Redaktion: Kirsten Glück, Petra L. Höhne
Satz: Heike Wietelmann, Schirner
Printed by: FINIDR, Czech Republic

www.schirner.com

Inhalt

Einführung

Jeder Mensch ist einzigartig von Gestalt, einmalig in seiner Kopfform und der Ausprägung des Gesichtes. Diese recht allgemein wirkende Feststellung hat jedoch weitreichende Folgen für unser Zusammenleben. So verschieden wir sind, so einig sind wir uns in der Sehnsucht nach Anerkennung, Verständnis und Liebe seitens unserer Mitmenschen. Wie schwierig es trotz bester Absicht sein kann, unsere Freunde, Verwandten oder Partner zu begreifen, hat jeder schon selbst erlebt. Und wie oft fühlten Sie sich völlig missverstanden oder ungerecht behandelt, ohne den Grund dafür angeben zu können?

Dieses Buch könnte einen wichtigen Wendepunkt in Ihrem Leben darstellen! Denn Kopf, Gesicht, Gestalt und auch scheinbar unbedeutende Kleinigkeiten wie Gangart oder Sitzhaltung geben mehr Aufschluss über die Wesensart und das Verhaltensmuster eines Menschen als lange Gespräche – vorausgesetzt, man übt sich ein wenig darin, die Unterschiede zu beobachten und zu erkennen. Wer dann noch sein Verhalten dem seines Gegenübers entsprechend anpasst, wird staunen, wie sehr sich die Kommunikation verbessern wird! Ob privat oder im Beruf, es gibt keine sozialen Kontakte, die Sie durch die Erkenntnisse, welche Sie aus diesem Buch gewinnen, nicht verbessern könnten!

Schon im Altertum suchten die Philosophen, vor allem aber die Ärzte, nach Merkmalen im Antlitz oder in der Gestalt eines Menschen, an denen sich Krankheiten oder Charakter-

eigenschaften zeigten. Sowohl die traditionelle indische und chinesische Medizin als auch die überlieferte europäische Heilkunst verfügen diesbezüglich über einen reichen Erfahrungsschatz. Da zwischen dem seelischen Zustand und dem daraus resultierenden Verhalten sowie dem körperlichen Befinden des Patienten nicht nur ein Zusammenhang gesehen, sondern gar kein Unterschied gemacht wird, sind viele dieser Beobachtungen wirkliche Diagnosehilfen, die allerdings eher für Therapeuten und Heiler interessant sind. Da heute eine ganzheitliche Betrachtung von Krankheiten und ihrer oft langen Vor- bzw. Frühstadien glücklicherweise auf reges Interesse stößt, kann nun jeder mündige Mensch für sich selbst großen Nutzen aus der Kenntnis seiner Grundkonstitution ziehen, indem er sein Leben danach ausrichtet. Dies ist die wirkungsvollste Vorsorge gegen eine Erkrankung!

Mit dem vorliegenden Buch habe ich eine Verbindung zwischen den Überlieferungen des Morgen- und des Abendlandes, der asiatischen und der europäischen Tradition geschaffen. Denn in Vielem gleichen sich diese Betrachtungen. Dort, wo sich im Laufe der Jahrtausende Übereinstimmungen in den Beobachtungen von Kopf und Gestalt der Menschen verschiedener Rassen und Kontinente zeigen, sind sie sicherlich als allgemeingültig anzusehen.

Es gibt also Typen, nach denen sich die Form von Kopf, Gesicht und Gestalt einteilen lässt, und dennoch ist jeder Mensch ganz individuell! Was wie ein Widerspruch erscheint, erklärt sich, wie auch andere genetische Faktoren des Menschseins, aus den fast unendlichen Kombinationsmöglichkeiten der verschiedenen Körperstrukturen. So wird beim aufmerksamen Beobachten oft der Eindruck entstehen, dass z.B. die Formen von Augen, Lippen, Ohren oder

Wangen widersprüchliche Eigenschaften widerspiegeln. Tatsächlich setzt sich jeder menschliche Charakter aus vielen, oft recht gegensätzlichen Anteilen zusammen, was dazu führt, dass wir selbst bei scheinbar vergleichbaren Situationen eben keineswegs immer nur ein und dasselbe Verhaltensmuster an den Tag legen. Und oft genug werden Sie auch nach der ausführlichen Analyse von Kopf, Gesicht und Gestalt voller Bewunderung dafür sein, wie gut es dem betrachteten Menschen gelingt, die zahllosen Facetten seiner Gesamtpersönlichkeit zu einem gelungenen „Kunstwerk" zu verbinden.

Jene Instanz in uns, welche zu dieser integrierenden Kraft fähig ist, wird sich wohl nie ganz fassen lassen, sie macht eben das eigentliche, individuelle und zeitlose Wesen des Menschen aus.

Die Menschentypen

Die hier vorgestellte Typenlehre entstammt der europäischen Tradition und geht auf den griechischen Philosophen, Astronomen und Arzt Aristoteles (384–322 v. Chr.) zurück. Seine Erkenntnisse wurden von anderen Gelehrten der Antike weiterentwickelt. In neuerer Zeit diente die „Temperamentelehre“* dem Begründer der Anthroposophie, Rudolf Steiner (1861–1925), als Grundlage für seine Pädagogik und Medizin. Gleichwohl lässt sie sich, ebenso wie die Typenlehre des Ayurveda (traditionelle indische Medizin) und der TCM (traditionelle chinesische Medizin), auf Menschen aller Rassen anwenden. Allerdings gehört dazu schon einige Erfahrung.

Menschen mit gelber Hautfarbe sind beispielsweise oft kleiner und zierlicher gebaut als weiße, oft sehr wohlgenährte Europäer oder Amerikaner. Dies sollte bei der Betrachtung der Kopfgröße oder Beinlänge natürlich bedacht werden. Uns erscheinen vielleicht die Lippen schwarzhäutiger Menschen grundsätzlich breit und voll, aber für eine individuelle Beurteilung müssen wir uns darin geschult haben, über dieses allgemeine Merkmal hinaus eben die Unterschiede zu erkennen. Auch hier finden sich selbstverständlich alle aufgeführten Lippenformen!

Wie beim Lesen der Hand unterscheidet man zunächst vier Grundtypen**. Diese entsprechen der Grundkonstitu-

*Temperamentelehre: sanguinisch = fröhlich-lebhaft, phlegmatisch = langsam, gründlich, melancholisch = traurig, still, cholerisch = zornig, tatkräftig

** Siehe dazu A. L. Biwer: Handlesen auch für Kinderhände.

tion des Menschen. Meist ist sie deutlich zu erkennen, aber durchaus nicht immer. Erziehung und Lebensumstände können die Konstitution beeinflussen. Körperliche Schmerzen beispielsweise machen jeden Menschen zum „Wassertypen", während frisch Verliebte „auf Wolken schweben", also wie Lufttypen wirken. Jugendliche sind fast immer in einem „Feuerzustand", Senioren hingegen zeigen, unabhängig von ihrer persönlichen Verfassung, Merkmale des Erdemenschen.

Nicht immer entsprechen die im Nachfolgenden dargestellten Merkmale von Kopf, Gesicht oder Gestalt der Grundkonstitution. Bestehen große Unterschiede, können wir von einer gemischten Grundkonstitution sprechen. Es ist leicht zu verstehen, dass es Mischtypen besonders schwer haben, ihre unterschiedlichen Anlagen in Einklang zu bringen, da ja immer noch zusätzlich die Einflüsse des jeweiligen Lebensalters eine Rolle spielen.

Entsprechend der umfassenden Menschenbetrachtung des Altertums werden bei den nachfolgenden Beschreibungen neben den körperlichen Merkmalen auch Krankheitsveranlagungen und seelische Verhaltensmuster aufgeführt.

Aus der Typenlehre allein lässt sich allerdings niemals eine Krankheitsgeschichte erklären. Auch wenn z.B. der Luftmensch anfälliger für Erkrankungen der Atemwege ist als andere, heißt dies nicht, dass er daran erkranken muss. Zunächst einmal handelt es sich einfach nur um das Vorherrschen eines bestimmten Organkomplexes, also im Grunde eine Stärke. Nur wenn nicht entsprechend der Veranlagung der Grundkonstitution gelebt wird, und dies über einen langen Zeitraum hinweg, kommt es zu einer Umkehrung, einer Anfälligkeit für Krankheiten.

Der Luftmensch

„Luftnahrung" ist für uns Menschen am unentbehrlichsten. Auf feste Nahrung können wir wochenlang verzichten, auf Wasser einige Tage, aber auf Luft nur wenige Minuten. Etwas von diesem ununterbrochenen Austausch lebt in den Luftmenschen. Wach, interessiert und meist fröhlich schauen sie aus leuchtenden, schön geformten Augen in die Welt. Zwar entgeht ihnen nicht viel, aber allzu lange halten sie sich auch nicht bei den gewonnenen Eindrücken auf. Denn Langeweile ertragen sie ganz und gar nicht – und langweilig wird es dem Luftmenschen, wenn nichts Neues geschieht.

Entsprechend dem bestimmenden Element dieser Konstitution fällt neben den Augen sofort die Nase auf. Auch diese wird gefällig gestaltet sein, denn schlecht aussehende Luftmenschen gibt es eigentlich nicht. Entweder handelt es sich um eine ausgeprägt große Nase oder um eine kleine, nach oben gerichtete Stupsnase. Mit beiden Nasentypen lässt es sich leicht und reichlich atmen.

Der Luftmensch kann gut mit Worten umgehen. Seine Redeweise ist schlagfertig, meist witzig und brillant, kann aber auch frech und unverschämt werden. Der Mund erscheint ebenfalls ausgewogen und angenehm geformt, und fast immer sind die Lippen zu einem freundlichen Lächeln verzogen.

Die Gestalt des Luftmenschen ist zierlich und wohlgebil-

det, nichts an seinem Körper stört den beschwingten, tänzerischen Gang. Die fast schwebende Fortbewegung entsteht dadurch, dass er überwiegend mit dem Vorderfuß auftritt. In der Regel ist der Luftmensch nicht besonders hochgewachsen. Der Kopf ist eher klein, passt aber meist harmonisch zum Wuchs des Körpers.

Luftmenschen sind gut geeignet für alle künstlerischen Berufe. Meist zeigen sie bereits ohne Ausbildung hervorragende Begabungen auf mehreren Gebieten. Der bleibende Erfolg hängt allerdings davon ab, ob es ihnen gelingt, das vorhandene Talent durch Schulung zur Perfektion zu bringen. Dies gilt generell für alle beruflichen Aktivitäten. Sämtliche Positionen, bei denen es um Kommunikation mit anderen Menschen geht und die mit reichlich Abwechslung und Veränderung verbunden sind, werden mit Luftmenschen gut besetzt sein. Manchmal haben sie auch große sportliche Erfolge, was mit der Leichtigkeit des Körpers zusammenhängt.

Allerdings ist der Luftmensch ein großer Genießer. Deshalb gibt es auch übergewichtige Luftmenschen, die ihre reichlichen Pfunde den Tafelfreuden verdanken. Doch selbst in diesem Fall sind sie noch erstaunlich aktiv, treiben Sport oder bewegen sich trotz ihres Umfangs elegant auf dem Tanzparkett. Auch in der geschlechtlichen Begegnung wird der Luftmensch immer Genuss und Abwechslung suchen. Deshalb leidet er nicht selten an sexuell übertragbaren Krankheiten.

Sportverletzungen treten beim Luftmenschen meist nur auf, wenn er des Guten zuviel tut, denn er ist im Grunde mit einer stabilen Gesundheit ausgestattet. Am ausgeprägtesten sind bei ihm die Atmungsorgane entwickelt, also Nase,

Mund, Luftröhre, Bronchien und Lungen. Hier wird er auch von der Konstitution her am ehesten erkranken oder schnell ein Unbehagen empfinden. Als Folge davon kann es zu Hautleiden kommen: Der Luftmensch an sich ist ja dünnhäutig!

Auch wenn die Grundstimmung des Luftmenschen fröhlich ist, so empfindet er Kummer oder Verzweiflung, selbst Zorn, sehr intensiv. Aber der Ärger verfliegt schnell, und noch mit Tränen in den Augen findet er rasch wieder einen Anlass zum Lächeln. Deshalb meistert der Luftmensch auch schwere Schicksalsschläge leichter als die anderen Menschentypen. Häufig gewinnt er durch derlei Erfahrungen an Gemütstiefe und Weisheit, die ihm sonst eher fehlen.

Das negative Extrem des Lufttypen ist die selbstsüchtige Spielernatur. Zwar will der Luftmensch nie verletzen, im Gegenteil: Er würde gerne alle Menschen um sich herum aufmuntern. Deshalb ist es auch schwer, ihm etwas nachzutragen. Wenn aber das Flüchtige, Oberflächliche ungehemmt wirkt, kann durch einen Luftmenschen viel Schaden entstehen.

In der Typenlehre entspricht das Luftelement der Kindheit. Denn ein gesundes Kind sollte interessiert, fröhlich, beweglich und leichtfüßig sein. Jeder, der ein kleines Kind getröstet hat, weiß, wie intensiv es weinen kann, wie leicht es aber auch von seinem Schmerz oder Verlust wieder abgelenkt werden kann!

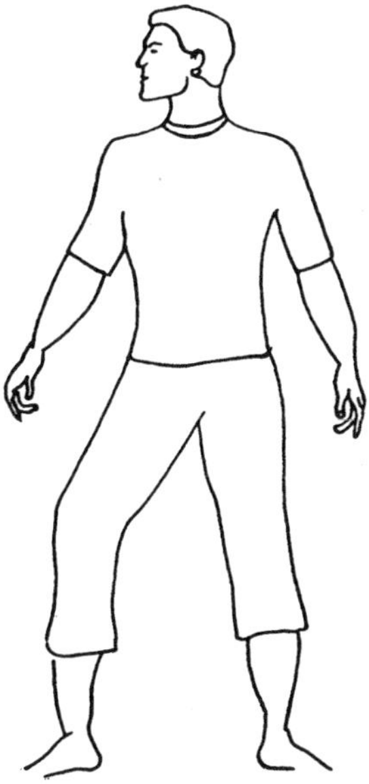

Der Feuermensch

Den intensiven Blick aus den glänzenden, ja brennenden, weit geöffneten Augen eines Feuermenschen vergisst man nicht so schnell. Die Augen sind so eindrucksvoll, dass die starke Kiefer- und Mundpartie erst auf den zweiten Blick auffällt. Scharf um sich blickend, nimmt der Feuermensch rasch das Wichtigste wahr. Dann wird er seine Erkenntnis deutlich, laut und mit klaren Worten zum Ausdruck bringen. Wenn ihm etwas missfällt, kann er verletzend, zumindest aber sehr direkt werden. Zuweilen mangelt es dem Feuermenschen an Humor, meist kann er dennoch mit leidenschaftlicher, geradezu charismatischer Rede die anderen für seine Ziele einnehmen. Beim Sprechen wird sein ausdrucksvoller, großer Mund sein Gegenüber ganz gefangennehmen.

Das Sprechen untermalt er mit temperamentvoller Gestik. Eine verhaltene Spannung beherrscht den gesamten Körper des Feuermenschen. Der Kopf, besser gesagt, das eindrucksvolle „Haupt", ist im Verhältnis zum übrigen Körper ungewöhnlich groß. Manchmal verstärkt eine lockige „Löwenmähne" noch diesen Eindruck. Auch der Oberkörper ist lang, aber das Ganze steht auf stämmigen, eher kurzen Beinen, wodurch der Körper etwas Gedrungenes bekommt. Oft sind Feuermenschen auch wirklich ziemlich kurz, so als seien sie nicht recht ausgewachsen. Vielleicht

wirkt diese Gestalt von weitem eher grotesk, aber aus der Nähe wird es schwerfallen, den Feuermenschen lächerlich zu finden. Außerdem ist er sehr kraftvoll und geschickt.

Eigentlich ist der Feuermensch immer aktiv, und Bewegung ist geradezu sein Lebenselixier. Dabei fällt der harte, von der Ferse aus aufgesetzte Schritt auf. Ungeduldig stampft er auch oft mit dem Fuß auf. Er verfügt über große körperliche Ausdauer und ist wenig schmerzempfindlich. Der Feuermensch will die Welt verändern. Er strebt hohen Zielen oder Idealen nach, und für deren Umsetzung ist ihm keine Anstrengung zuviel. Oft macht er eine beachtliche Karriere, wobei ihm der größte Erfolg als selbstständiger Unternehmer beschieden ist. Denn ein angenehmer oder gar bequemer Mitarbeiter ist der Feuermensch trotz seiner unermüdlichen Leistungsbereitschaft nicht.

Trifft der Feuermensch auf Widerstände, neigt er zu manchmal erschreckenden Wutausbrüchen. Auch durch seine starken, leidenschaftlichen Gefühle verliert der Feuermensch bei Enttäuschungen jegliche Kontrolle über sich und kann beträchtlichen Schaden anrichten. Danach wird er von heftiger Reue und Schuldgefühlen geplagt. Mit seiner starken Willenskraft wird der Feuermensch deshalb bald lernen, seine Wutausbrüche zu zügeln. Wenn kein Alkohol oder ein anderes Rauschmittel im Spiel ist, gelingt ihm dies auch, und aus der „verarbeiteten Wut“ entsteht eine noch größere Tatkraft und Ausdauer.

Körperliche Arbeit entspannt den Feuermenschen, und beim Sport kann er ebenfalls Erfolge erringen. Aber er ist ein großer Individualist, und so wird man Feuermenschen bei Handwerkern und Sportlern ebenso antreffen wie unter Politikern, Religionsstiftern oder Unternehmensgründern.

Feuerfrauen setzen sich auch in der frauenfeindlichsten Gesellschaft durch und finden Anerkennung. Eines haben aber alle gemeinsam: Wo Feuermenschen wirken, verändert sich etwas!

Ohne Feuer hätte sich unsere menschliche Kultur nicht entwickeln können. Feuer brauchen wir nicht nur zum Kochen, sondern auch zur Bearbeitung von Metall, welches die Grundlage der heutigen Technik ist. Feuer erzeugt künstliches Licht, wenn die Sonne untergegangen ist, und Feuer spendet die lebensnotwendige Wärme.

Die Wärme im Organismus des Feuermenschen kann zu aller Art von Entzündungen führen. Besonders anfällig sind bei ihm Leber und Galle, deshalb verträgt der Feuermensch Fett nicht so gut. Auch Alkohol schadet ihm mehr als anderen. Ist die Leber einmal geschwächt, können viele Krankheiten die Folge sein. Meist ist es aber eher der unermüdliche Arbeitseinsatz, der dem Feuermenschen gesundheitliche Probleme bringt.

Das Feuerelement entspricht dem Jugendlichen und dem jungen Erwachsenen. Leidenschaftliche Gefühle, Tatkraft und Begeisterung sowie unermüdliche Schaffenskraft sollten dieses Lebensalter prägen. Der junge Erwachsene gestaltet seine Umwelt nach seinen eigenen Vorstellungen neu.

Der Wassermensch

Die schweren Augenlider des Wassermenschen scheinen einen Vorhang zu bilden, hinter dem er seine Augen und

sich selbst verbirgt. Dadurch wirkt der Wassermensch auf den ersten Blick geheimnisvoll, traurig oder müde. Und meistens ist er all dies auch. Erst nach einiger Zeit scheint er sich ganz auf seinen Gesprächspartner einlassen zu können, und dann wird dieser von den innig schauenden, mandelförmigen, schönen Augen überrascht sein, die sich ganz in die Seele des anderen versenken.

Der Kopf ist eher groß und länglich wie meistens auch das Gesicht. Der hohen Stirn sieht man das tiefsinnige, fast grüblerische Denken förmlich an. Die lange, meist schmale Nase zeigt mit der Spitze zum Boden. Die im Verhältnis zur Nase schwer wirkende Mundpartie mit eher schmalen Lippen, welche sich schon früh im Leben nach unten neigen, vor allem, wenn der Wassermensch – was häufig vorkommt – in Gedanken versunken ist, verleihen dem Gesichtsausdruck etwas Schmerzliches.

Der Wassermensch hört lange zu, bevor er spricht. Bei der Antwort wird er sich allerdings stets darum bemühen, das Wesentliche zum Ausdruck zu bringen. Dabei wird er sich nicht kurz fassen, dazu waren seine Überlegungen zu langwierig, gründlich und kompliziert. Leider kommen deshalb auch seine oft sehr zutreffenden Betrachtungen oder Lösungsvorschläge viel zu spät, so dass sie nur selten in die Tat umgesetzt werden können. Findet er aber einen Platz im Leben, wo ihm für seine akribische Arbeit die nötige Zeit eingeräumt wird, kann er Beachtliches leisten.

Meist sind vor allem die Wassermänner hochgewachsen

und schmal. Bei den Wasserfrauen werden Beine oder Hüften im Verhältnis zur übrigen Gestalt eher plump wirken, und auch die Füße sind oft unverhältnismäßig groß. Dennoch gibt es unter den Wassermenschen viele zarte, sanft wirkende Schönheiten. Den hängenden Schultern und dem leicht schlurfenden Gang merkt man an, dass es dem Wassermenschen schwerfällt, seinen Körper zu bewegen.

Der Wassermensch leidet häufig an Schmerzen, die wässrigen Prozesse des Körpers (also alle Vorgänge, in denen Flüssigkeiten wie Speichel, Magensaft, Lymph- oder Gewebsflüssigkeit oder extrazelluläre Flüssigkeit involviert sind) dringen in sein Bewusstsein, und er registriert die kleinsten Veränderungen als Schmerz. Er hat wenig Ausdauer und braucht häufige Erholungspausen. Leistungssport und Abhärtungsmaßnahmen schwächen ihn, aber regelmäßige Heilgymnastik mit spirituellem Hintergrund wie z.B. Qi Gong oder Eurythmie können seine körperlichen Kräfte beträchtlich steigern. Für harte, körperliche Arbeit ist der Wassermensch nicht gemacht. Deshalb zerbrechen Frauen dieses Typs eher als andere durch die Anstrengungen von Hausarbeit, Kindererziehung und Berufstätigkeit: Sie altern früh und sind häufiger krank.

Soziale Missstände bereiten dem Wassermenschen seelisches und körperliches Unbehagen, und wenn er kann, wird er helfen. In allen heilenden, helfenden und erziehenden Berufen ist der Wassermensch in seinem Element. Auch religiöse Berufe oder das Ordensleben liegen ihm durch die Beschränkung auf das Wesentliche und den rhythmischen Lebensstil. Er ist ein zuverlässiger und loyaler Mitarbeiter. Unter einem Vorgesetzten, der seine Arbeit würdigt, kann er es zu außerordentlichen Leistungen bringen. Anderer-

seits kann er unter einem herrischen oder ungerechten Führungssystem eingehen wie eine Pflanze ohne Wasser. Dann wird er nicht einmal zur nötigsten Arbeit in der Lage sein. Denn der Wassermensch ist eine ängstliche Natur, er wird sich selten gegen ungerechte Behandlung wehren, mag das auch noch so berechtigt oder sinnvoll sein.

Problematisch ist die nachtragende Art des Wassermenschen. Eine Kränkung oder Beleidigung vergisst er nie, und er kann ziemlich rachsüchtig sein. Dabei wird er weniger mit offener Aggression reagieren als mit Intrigen, Sticheleien und übler Nachrede in subtilster Form.

Viele Schriftsteller sind Wassermenschen, aber auch in anderen Kunstformen werden sie sich in der ihnen gemäßen Form – d.h. eher tiefsinnig als humorvoll – ausdrücken, manchmal auf höchstem philosophischem Niveau.

Vorherrschende Organe sind bei diesem Typus Nieren und Blase. Funktionieren sie gut, werden auch Lymphe und Blut zur Gesundheit des Wassermenschen beitragen. Krankheiten werden immer mit Flüssigkeitsansammlungen einhergehen, entweder als Venenstau, als Harnverhalt bei Nierensteinen, Blasenentzündung oder als schmerzhaft geschwollene Gelenke.

Das Wasserelement entspricht dem reifen Erwachsenen, der sich für seine Familie und am Arbeitsplatz oft über seine Kräfte hinaus einsetzt. Schmerzen und Erschöpfung stellen sich ein, aber die Frucht dieser Arbeit und der Fürsorge für andere ist Verständnis für die Prozesse des Lebens und Weisheit.

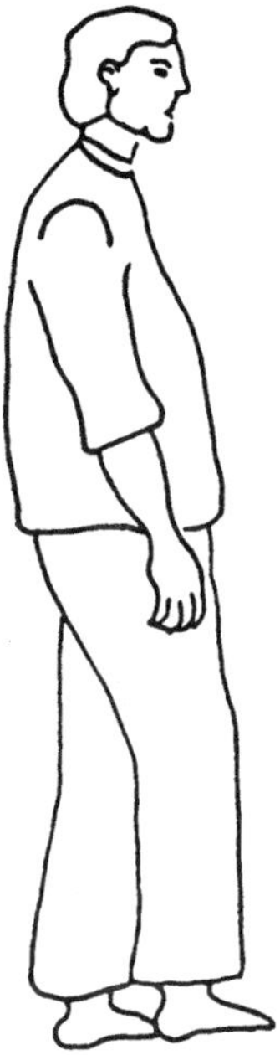

Der Erdemensch

Den Erdemenschen, der inmitten der menschlichen Betriebsamkeit in Ruhe verharrt, wird man vielleicht zu Anfang leicht übersehen. Will man aber wissen, was wirklich geschehen ist, und warum, dann werden die genauen Beobachtungen überraschen, die der Erdemensch mit seinen runden, freundlich blickenden Augen gemacht hat.

Offen schaut der Erdemensch seinen Gesprächspartner an, erst einmal zuhörend und abwartend. Der Mund ist voll und wohlgeformt, häufig erscheint die Unterlippe breiter als die Oberlippe. Während die Augen verhalten wohlwollend schauen, sind die Lippen fast immer zu einem stillen, innerlich heiteren Lächeln verzogen. Wenn der Erdemensch dann zu sprechen beginnt, findet er kein Ende. Seine langsamen, etwas umständlichen Beschreibungen können die Geduld des Zuhörers sehr strapazieren.

Der Kopf des Erdemenschen ist eher groß und erscheint, ebenso wie das Gesicht, rund. Kinn und Hals sind stark ausgeprägt, früh kann sich ein Doppelkinn ausbilden. Alles am Erdemenschen braucht seine Zeit, nur langsam wird er sich zur Bewegung entschließen. Sein Gang ist wiegend, vor allem wenn er sich in der Natur bewegt. Ist er übergewichtig, läuft er eher watschelnd. An sportlicher Betätigung hat er keinerlei Interesse, eher wird er sich für Gartenarbeit entscheiden oder wandern.

So ganz scheint er nicht in unsere heutige Zeit zu pas-

sen, in der Schlanksein und Schnelligkeit einen so hohen Stellenwert haben. Aber Erdemenschen sind der Ruhepol jeder Gemeinschaft, sie sind diejenigen, welche die Leistungen aller anderen Typen am genauesten wahrnehmen und freundlich würdigen. Sie bringen auch manches zu Ende, was der Luft- oder Feuermensch angefangen hat, und sie bieten dem Wassermenschen die Anteilnahme, die er so dringend braucht. Aber dies tut der Erdemensch nicht wirklich aus Selbstlosigkeit. Er ruht in sich, sein Selbstwertgefühl ist weit weniger von der Anerkennung anderer abhängig als das der anderen Menschentypen. Deshalb amüsieren ihn die Anstrengungen seiner Mitmenschen, und ein wenig bedauert er sie auch.

In einer Sache allerdings versteht der an sich anspruchslose Erdemensch keinen Spaß: Das sind seine Bequemlichkeit und seine Ruhe. Wird er hierin gestört, ist das der Auslöser für seine zwar seltenen, aber darum um so beeindruckenderen Wutanfälle. Auch dann lohnt es sich, dem Erdemenschen zuzuhören, denn seine Vorwürfe werden in jedem Fall sehr berechtigt sein.

Seelisch und körperlich gesund bleibt der Erdemensch, wenn er im Einklang mit den Rhythmen der Natur leben kann. In Berufen wie Gärtner oder Landwirt wird er sich besonders wohlfühlen und Hervorragendes leisten. Zumindest wird er aber ein Fleckchen Erde in seiner Freizeit bestellen, wenn er glücklich sein will. Alle Bereiche, welche mit Ernährung und Gesundheit zu tun haben, interessieren den Erdemenschen. Er wird eine sichere Position der Hektik einer raschen Karriere vorziehen. Gestattet man ihm seine ruhige Arbeitsweise, ist er der ideale Mitarbeiter. Auch unter Wissenschaftlern wird man Erdemenschen finden. Ihre ge-

naue Beobachtungsgabe, ihre Geduld und Ausdauer werden ihnen da Erfolg bringen, wo andere aufgegeben haben. Weil er weniger Anerkennung von anderen braucht, dafür aber gründlich und ausdauernd arbeitet, wird der Erdemensch, wenn auch langsam, Stufe um Stufe die Karriereleiter emporsteigen. Ist er im vorgerückten Alter in der Chefetage angekommen, wird es keinen geduldigeren, gerechteren und mehr Freiheit zulassenden Vorgesetzten geben als ihn. Seine Untergebenen werden es ihm durch Kreativität und eigenständige Arbeit danken.

In der Kindererziehung wirken Erdefrauen und -männer segensreich: Wie gute Gärtner werden sie die ihnen anvertrauten Kinder zum Blühen und Gedeihen bringen, ohne diese zu drängen oder zu verformen.

Die Verdauungsorgane sind beim Erdemenschen hervorragend ausgebildet. Eigentlich käme er mit wenig Nahrung aus, denn er nimmt schneller an Gewicht zu als andere – er hat selbst so viel von der Kraft der Erde in sich! Da er aber ausgiebiges Essen und Trinken besonders schätzt, ist er meistens auch von molliger Gestalt. Dabei sammelt er insbesondere in der Bauchregion Fett an. Einige Pfunde zuviel sind für den Erdemenschen kein Gesundheitsrisiko. Die Gefahr besteht allerdings, dass er sich dem Essen und Trinken im Übermaß hingibt und dabei faul und träge wird. Dann drohen Erkrankungen des Magens, der Bauchspeicheldrüse, des Dünn- und Dickdarms.

Das Erdelement entspricht dem Alter. Hat der Mensch das Feuer der Kämpfe und die Tränen und Mühen der Arbeit und Aufopferung hinter sich gelassen, wird er abgeklärt und ruhig. Was gibt es wichtigeres, als auf einer Bank in der

warmen Sonne zu sitzen und die Blumen zu betrachten? Was ist genussreicher als eine gute Mahlzeit? Die Kinder spielen ruhiger und schöpferischer, einfach weil der weise alte Mensch anwesend ist, und die Erwachsenen fühlen sich in der Hektik des Alltags durch seine Gegenwart angenommen und verstanden.

Die Körperzeichen

Der Kopf

Bei der Betrachtung der Kopfform werden wir das Gesicht zunächst noch nicht mit einbeziehen, obwohl es natürlich fast immer einen engen Zusammenhang gibt: Ein runder Kopf wird meist auch ein rundes Gesicht vorweisen.

Alle geschilderten Formen sind im Rahmen des gesunden Ausdrucks eines Menschen zu sehen. Krankhafte Entwicklungen bringen in diesem Sinne meist eine Verstärkung der geschilderten Eigenschaften. Ein Beispiel wäre der Hydrocephalus („Wasserkopf"), der als Extrem des großköpfigen Menschen anzusehen ist. Aber schwere Krankheiten, wie sie sich oft in abnormen Kopfformen ausdrücken, sind nicht das Thema dieses Buches und gehören in die Diagnose und Behandlung eines erfahrenen Therapeuten.

Die Form des Kopfes ist zum einen genetisch bedingt, zum anderen eine Folge des Geburtsvorgangs. Beides gehört allerdings vom spirituellen Gesichtspunkt her zu unserem Schicksal, denn was bestimmt unsere Biographie mehr als der Körper? Der fast wichtigste Ausdruck ist die Gehirnbildung, die sich ja nur entsprechend der Form der Schädelknochen entwickeln kann. Allerdings sind auch diese Knochen keineswegs statisch, vor allem nicht bei kleinen Kindern. Beobachten Eltern also eine extreme Verformung des Kopfes bei ihrem Säugling, sollten sie eine/n ganzheitlich arbeitende/n Arzt/Ärztin oder Heilpraktiker/in aufsuchen, um einen Ausgleich zu erwirken.

Grundsätzlich können die nachfolgend geschilderten Merkmale am Schädel, aber auch der Gestalt, *bei Kindern immer nur als vorübergehender Zustand* gedeutet werden.

Beispielsweise entwickelt sich die endgültige Form der Nase oder die Kinn- und Kieferpartie erst später, während der Pubertätsjahre. Auch bei Erwachsenen gibt es Veränderungen, allerdings betreffen diese vor allem das Gesicht, weniger die Gestalt oder die Schädelform.

Die drei Kopfgrößen, sowie alle im Folgenden dargestellten Merkmale von Kopf, Gesicht und Gestalt werden mit der Bedeutung der Grundkonstitution, also Luft-, Feuer-, Wasser- oder Erdemensch kombiniert.

Am ausgeglichensten ist der Mensch, wenn sich seine Kopfgröße im ausgewogenen Verhältnis zum übrigen Körper befindet. Haben Sie erst einmal Ihren Blick für die unterschiedlichen Kopfgrößen und -formen geschult, werden Sie die ausgewogene Kopfform am ehesten daran erkennen, dass sie Ihnen gar nicht auffällt. Wenn die Proportionen bei einem Menschen stimmen, erleben wir, wenn wir ihn betrachten, ein subtiles Wohlgefühl. Dies gilt vor allem dann, wenn wir den Menschen noch nicht kennen. Hat sich erst einmal eine Beziehung mit Zu- oder Abneigung entwickelt, ist eine unbefangene Beobachtung nicht mehr so einfach. Trotzdem kann man versuchen, diese Fähigkeit zu schulen.

Die Kopfgröße

Die erste grundlegende Einteilung betrifft die Kopfgröße.

Der große Kopf

Der großköpfige Mensch ist gefühlsbetont und phantasievoll. Sind entsprechende Merkmale (Stirnform) vorhanden, wird

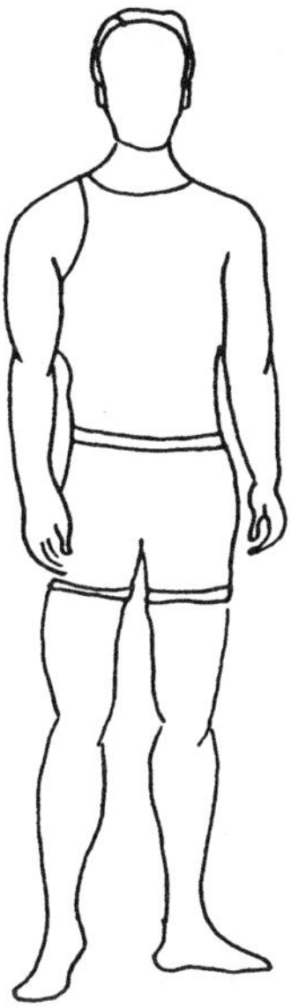

er durchaus auch folgerichtig denken, aber dies ist nie seine spontane Reaktion. Feuermenschen haben immer einen großen Kopf, auch bei Erdemenschen ist der Kopf meist so geformt. Möglich ist er aber auch bei den beiden anderen Typen.

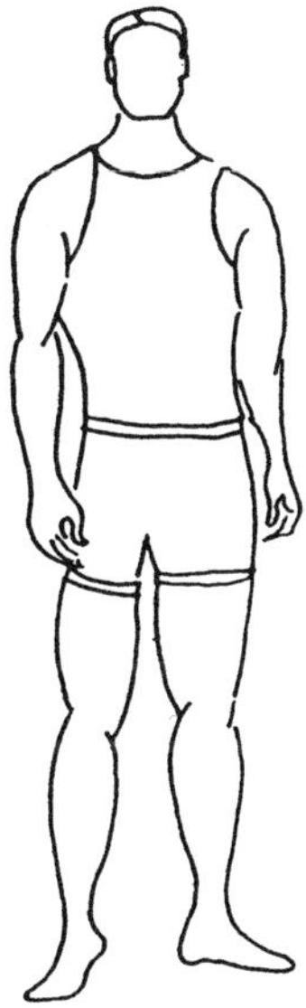

Der kleine Kopf

Der kleinköpfige Mensch handelt strukturiert und vernunftbetont. Er hat es schwer, ein größeres emotionales Potential zu entwickeln, die Kopfform setzt ihm da eine knöcherne Grenze. Oft sind kleinköpfige Menschen nervös und leiden an Kopfschmerzen. Wasser- und Luftmenschen haben häufig einen kleinen Kopf, bei Erdemenschen kommt er seltener vor.

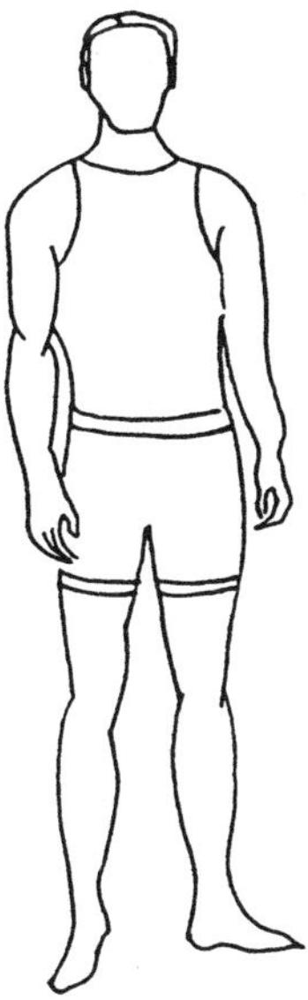

Der ausgewogen große Kopf

Der Mensch mit ausgewogen großer Kopfform findet ohne Mühe das Gleichgewicht zwischen Vernunft und Gefühl. Er kann diese Qualitäten der Situation entsprechend entweder einzeln oder kombiniert einsetzen.

Die Höhe von Vorder- bzw. Hinterkopf

Diese Form ist am besten im Profil zu erkennen. Denken wir uns dazu einen Mittelscheitel, der über das gesamte Schädeldach verläuft. Verfolgen Sie nun mit den Augen diese Linie: Wo gibt es eine Höhe? Liegt ein Bereich tiefer? Wo erscheint der Scheitel gar eingedrückt? Je nachdem, wo mehr Ausdehnungsraum ist, sind die entsprechenden Gehirnzentren besser ausgebildet. Wir stark ein Mensch mit eingedrücktem Vorder- oder Hinterhaupt in seiner Ausdrucksmöglichkeit eingeschränkt ist, hängt von der Gesamtform des Schädels und der Ausprägung des Gesichtes ab.

Vorderkopf angehoben

Hier liegt eine Betonung der Sinnesnerven und der analytischen Fähigkeiten vor. Ein Mensch mit Betonung des Vorderkopfes entlang der Scheitellinie wird daher eine Situation gut wahrnehmen und gedanklich erfassen können.

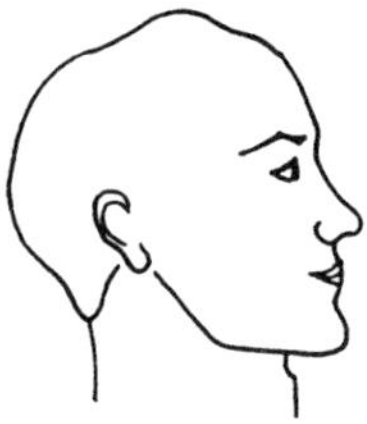

Vorderkopf eingedrückt

Die Sinnesnerven sind in manchen Bereichen weniger ausgebildet. Es besteht eine verminderte Fähigkeit, eine Situation gedanklich zu erfassen.

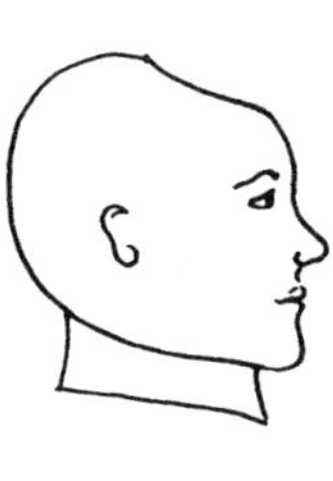

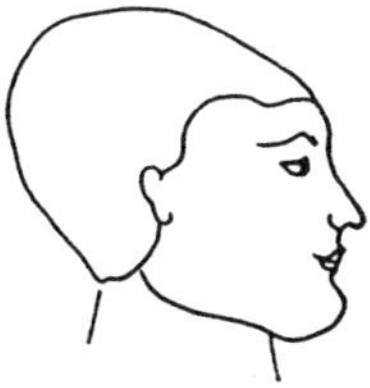

Hinterkopf angehoben

Hier gibt es viel Raum für die Bewegungszentren des Gehirns. Ein Mensch mit betontem Hinterkopf entlang der Scheitellinie fühlt sich wohl, wenn er sich bewegt, und wird jede Situation durch sofortiges Handeln verändern wollen.

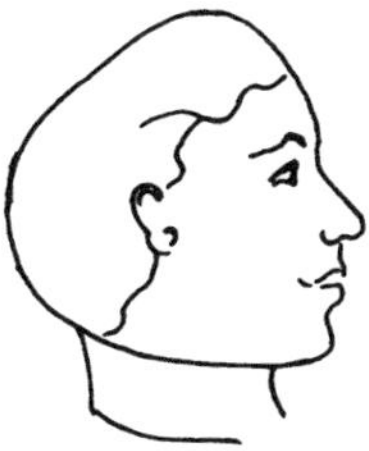

Hinterkopf eingedrückt

Die Bewegungsnerven sind weniger ausgebildet. Es liegt eine verminderte Fähigkeit vor, angemessen in einer Situation zu handeln.

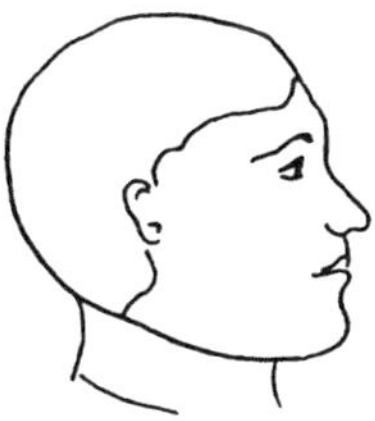

Vorder- und Hinterkopfhöhe ausgewogen

Eine völlig gerade Scheitellinie gibt es nicht. Es besteht immer eine leichte Senkung bzw. Anhebung zur Stirn oder zum Hinterkopf hin. Darin ist auch eine Betonung der entsprechenden Fähigkeiten zu erkennen: Die leicht zur Stirn angehobene Scheitellinie verweist auf die Neigung, eine Situation zuerst gedanklich zu erfassen. Ist die Scheitellinie leicht zum Hinterkopf hin angehoben, besteht der Hang, eine Situation durch sofortiges Handeln verändern zu wollen. Trotzdem verfügt ein Mensch mit ausgewogener Kopfhöhe über beide Verhaltensmöglichkeiten.

Die Form der Scheitellinie

Hier geht es um die Ausprägung des gedachten Mittelscheitels, der übrigens entlang einer Schädelnaht verläuft. Er lässt sich am besten erkennen, wenn man seinem Gegenüber ins Gesicht schaut; bei üppigem Haarwuchs muss der Kopf auch vom Profil aus betrachtet werden. Manchmal bringt nur vorsichtiges Tasten Sicherheit. Eine deutliche Wölbung oder Mulde ist aber meist gut zu erkennen.

Deutlich hochgewölbter Scheitel

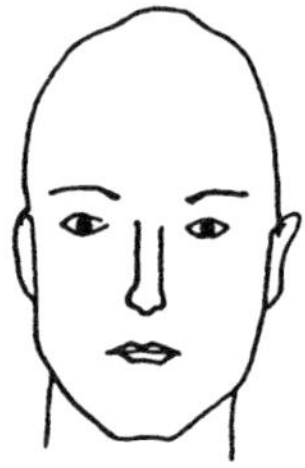

Dies weist auf eine Öffnung für Schwingungen aus der Umgebung, Gedanken und Gefühle anderer Menschen hin. Häufig besteht eine telepathische Begabung oder die Fähigkeit zum Rutengehen (Aufspüren von Wasseradern oder Magnetfeldern). Der sprachliche Ausdruck und die Sinneswahrnehmung werden geringer bewertet.

Mulde am Scheitel

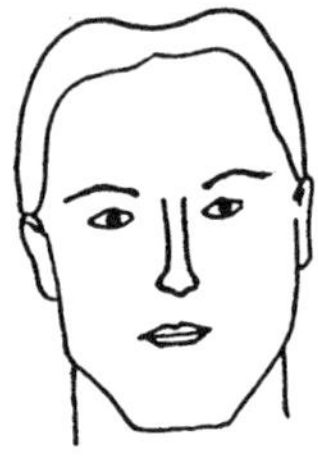

Sie deutet auf eine extreme Betonung der sinnlichen Wahrnehmung hin, der Mensch hält sich an der materiellen Welt fest. Er versteht alles wörtlich, sprachliche Bilder sind ihm unverständlich.

Leicht erhöhte Wölbung des Scheitels

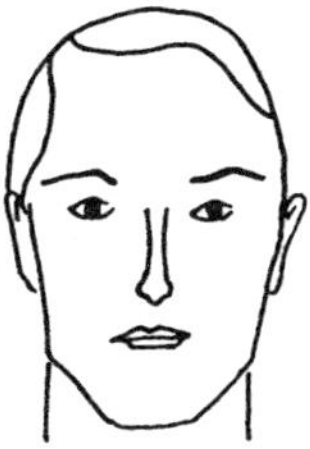

Dies ist die ausgewogene Form der Scheitelnaht. Der Mensch gibt der sinnlich wahrnehmbaren, materiellen Welt genauso viel Bedeutung wie dem, was an Gefühlen oder Gedanken jenseits der Sinne in sein Bewusstsein strömt. Es besteht ein Verständnis für sprachliche Bilder und Gleichnisse.

Die Wölbung des oberen Hinterkopfes

Der obere Hinterkopf ist die Stelle, wo sich die Scheitellinie vom höchsten Punkt aus nach unten wölbt. Man kann ihn nur bei kurzen Haaren wirklich gut erkennen.

Oberer Hinterkopf stark gewölbt

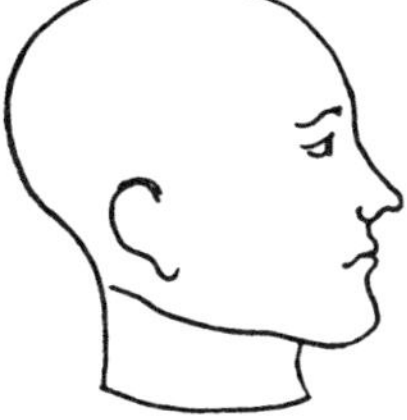

Er weist auf einen Menschen mit spiritueller Begabung hin sowie auf die Fähigkeit zu visionärer Schau und zum Handeln im Einklang mit der geistigen Welt. Es besteht Offenheit für neue Erfahrungen.

Oberer Hinterkopf flach

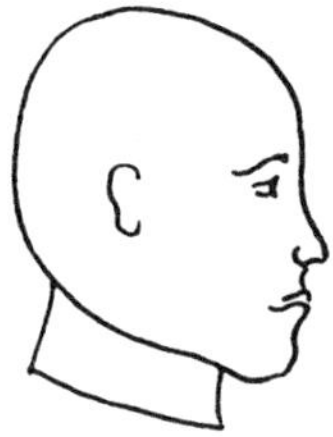

Ihn besitzt ein Mensch, der sich nur nach dem richtet, was materiell erfahrbar ist. Er sucht Sicherheit in vergangenen Erfahrungen, indem er neue Situationen immer mit bereits Erlebtem vergleicht.

Oberer Hinterkopf mäßig gewölbt

In der Tendenz wird der ausgewogen gewölbte, obere Hinterkopf immer eher flach (Betonung des Materiellen, Ausrichtung an vergangenen Erfahrungen) oder eher gewölbt (spirituelle Begabung, Offenheit für neue Erfahrungen) sein. Dem Menschen mit der ausgewogenen Form des oberen Hinterkopfes stehen aber beide Ausdrucksmöglichkeiten zur Verfügung.

Die Wölbung des unteren Hinterkopfes

Es handelt sich um die Ausformung der Schädelbasis und damit den Raum, den das Kleinhirn beanspruchen kann. Hier ist der ursprüngliche körperliche Ausdruck des Menschen beheimatet. Ob dieser Bereich gut zu sehen ist, hängt von der Haarfülle ab.

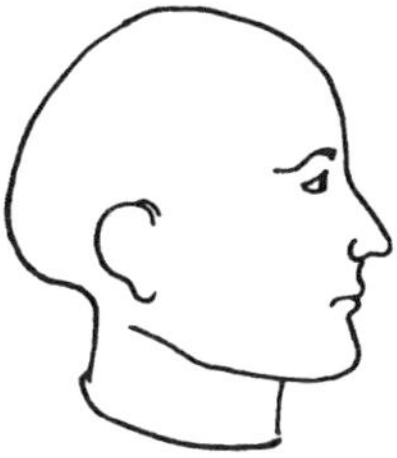

Unterer Hinterkopf stark gewölbt

Der Mensch mit dieser Form des Hinterkopfs braucht körperliche Aktivität, um sich wohl und lebendig zu fühlen, Sexualität ist für ihn unentbehrlich. Zuneigung wird körperlich ausgedrückt.

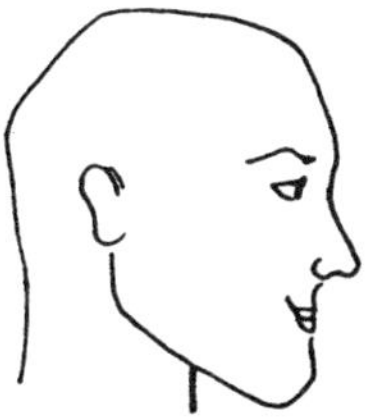

Unterer Hinterkopf flach

Hier bereitet körperlich betonte Aktivität Unbehagen. Sexuelle Aktivität kann nur durch mentale Stimulierung entstehen. Der physische Leib bereitet eher Unlust.

Unterer Hinterkopf mäßig gewölbt

Dies ist die ausgewogene Form. Der Mensch bejaht den körperlichen Ausdruck, einschließlich der Sexualität, kann aber gleich stark in der mentalen gedanklichen Aktivität leben.

Die Wölbung am Oberkopf

Es handelt sich um einen Bereich rund um die gedachte Scheitellinie am Oberkopf, dort, wo man bei kleinen Kindern die große Fontanelle spüren kann. Diese Zone wird bei fehlendem Haar deutlich zu sehen sein, ansonsten kann sie nur ertastet werden.

Deutliche Wölbung am Oberkopf

Der Mensch mit einer deutlichen Wölbung am Oberkopf verfügt über Intuition. Neue Situationen werden intuitiv erfaßt und das Verhalten darauf eingestellt. Dadurch entsteht eine starke Präsenz in der Gegenwart.

Deutliche Mulde am Oberkopf

Sie weist darauf hin, dass der Mensch nicht über Intuition verfügt und diese deshalb für nicht existent hält. Neue Situationen werden durch frühere Wahrnehmungen verstanden, dadurch ist das Bewusstsein mehr in der Vergangenheit verhaftet.

Leichte Wölbung am Oberkopf

Dies ist die ausgewogene Form. Der Mensch verfügt über mäßige Intuition. Neue Erfahrungen wird er halb intuitiv angehen, halb wird er auf vergangene Wahrnehmungen zurückgreifen. Eine leichte Betonung in die eine oder andere Richtung ist, abhängig von der in Frage kommenden Situation, möglich und wird dieser angepasst.

Die Breite des Oberkopfes

Um die Weite des Oberkopfes zu erkennen, schaut man am besten von oben auf den Kopf des sitzenden Menschen. Die Form des Oberkopfes hat Folgen für die Form von Schläfe und Stirn und eine mit diesen Erscheinungsformen vergleichbare Bedeutung. An der Weite des Oberkopfes lässt sich erkennen, auf welche Art und mit wieviel Ausdauer ein Mensch angestrebte Ziele erreichen wird.

Oberkopf weiter an der Stirnseite

Der Mensch denkt lange nach, ehe er sich zu einer Handlung entschließt. Kurzfristige Ziele erreicht er besser, bei langfristigen Projekten verfällt er leicht ins Grübeln, ob das Ziel überhaupt das Richtige ist.

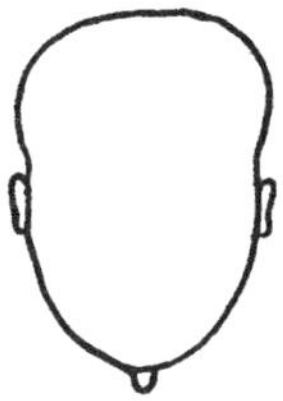

Oberkopf weiter am Hinterhaupt

Der Mensch handelt am liebsten sofort und bleibt so lange bei der Sache, bis das angestrebte Ziel auch erreicht ist. Eine Neuorientierung, weil ein Projekt nicht mehr sinnvoll ist, fällt ihm schwer.

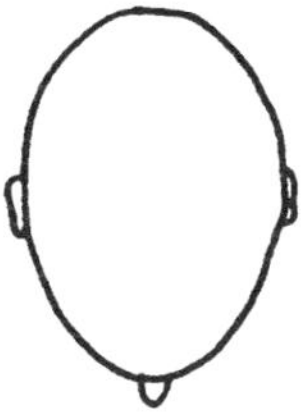

Oberkopf gleichweit an Stirn und Hinterhaupt

Denken und Handeln werden beim Anstreben der Ziele gleichwertig eingesetzt. Meist besteht eine Tendenz zu dem einen oder anderen Bewegungsmuster oder eine Vorliebe für lang- bzw. kurzfristige Projekte. Grundsätzlich verfügt der Mensch hier aber über beide Verhaltensmöglichkeiten.

Die Proportion des Kopfes vor und hinter dem Ohr

Hierfür betrachten wir den Kopf wieder im Profil. Von der Mitte des Ohres ausgehend stellen wir uns eine Linie von oben nach unten vor. Wo liegt der größere Teil des Kopfes, zum Gesicht hin oder in Richtung Hinterhaupt? Oder ist die Kopfmasse nahezu gleich verteilt?

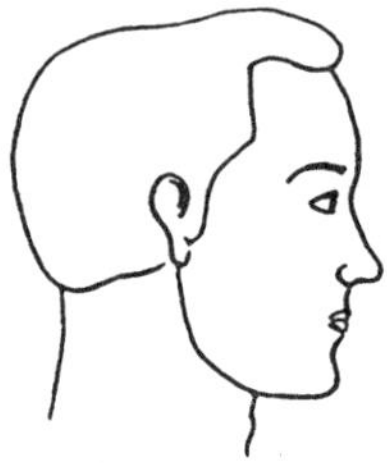

Gleichviel Kopfmasse vor und hinter dem Ohr

Der Mensch kann Neues nur durch gleiche Erfahrungen aus der Vergangenheit begreifen. Fehlt ihm ein solches Vergangenheitserlebnis, lehnt er die neue Situation ab.

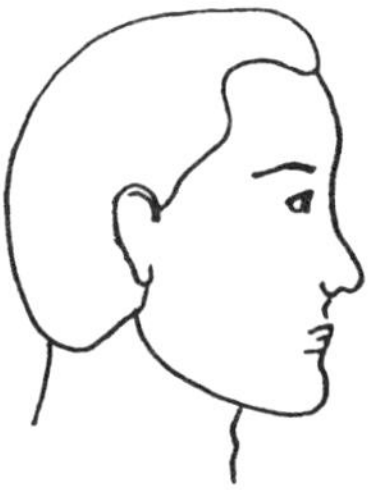

Deutlich mehr Kopfmasse vor dem Ohr

Nur die Gegenwart wird als wirklich erlebt, Vergangenes spielt keine Rolle. Dadurch besteht große Präsenz in der Gegenwart, aber keine Möglichkeit, aus der Vergangenheit zu lernen.

Mäßig mehr Kopfmasse vor dem Ohr

Dies ist die ausgewogene Form. Es besteht Offenheit für neue, gegenwärtige Erfahrungen, aber in der Vergangenheit gelerntes Verhalten kann sinnvoll verwertet und einbezogen werden.

Die Haare

Die Haare im Sinne einer Persönlichkeitsanalyse zu bewerten ist nur möglich, wenn sie nicht in irgendeiner Weise durch chemische oder andere Einwirkung in Farbe und Form verändert worden sind. Das ist in den Industrienationen, insbesondere bei Frauen, eher selten.

Das Haar eines gesunden Menschen glänzt. Allerdings zeigen sich die Folgen gesundheitlicher oder seelischer Probleme meist erst vier bis acht Wochen nach dem belastenden Ereignis, und zwar durch stumpfe, glanzlose Haare oder vermehrten Haarausfall.

Lange Haare

Lange Haare gelten in jeder Tradition als Zeichen starker Vitalität. Allerdings sollten die Haare auch dicht und glänzend sein, um in diesem Sinne bewertet zu werden.

Dünne Haare

Sie sprechen für verminderte Vitalität oder, wenn dies bei fortgeschrittenem Lebensalter auftritt, nachlassende Lebenskraft.

Dicke, struppige Haare

Diese hat ein eigenwilliger Mensch, der sich nicht führen lässt.

Lockige Haare

Sie weisen auf einen Menschen mit fröhlichem Gemüt hin, der das Leben nicht allzu schwernimmt.

Glatte Haare

Sie deuten auf einen zuverlässigen, ruhigen Menschen hin.

Ergrauende Haare

Diese zeigen den beginnenden Alterungsprozeß. Dieser kann, je nach körperlichem Zustand des Menschen, auch sehr früh einsetzen.

Weiße Haare

Die Haare des alten Menschen sind bei allen Rassen weiß. Es gilt als Zeichen außerordentlicher Lebenskraft, wenn ein alter Mensch noch seine natürliche Haarfarbe hat. Ist das weiße Haar dicht und glänzend, dann ist der Mensch trotz nachlassender Lebenskraft gesund.

Wird das Haar eines Menschen schon im mittleren Lebensalter weiß, dann geschieht dies meist in Folge eines schweren seelischen Verlustes oder einer schweren Krankheit und ist ein Zeichen geschwächter Lebenskraft.

Haarverlust an Stirn oder Schläfe

Dieser belegt eine nachlassende Hormonproduktion (Geschlechtshormone), oft auch eine zurückgehende sexuelle Potenz und Fruchtbarkeit. Bei der Vollglatze gilt dies im verstärkten Maße. Es kann aber ebenfalls als Folge einer schweren Krankheit zu einem Verlust des Haupthaars kommen. Da das Haar selbst bei Genesung nicht unbedingt wieder nachwächst, müssen hier verstärkt auch andere Merkmale des Kopfes einbezogen werden, um eine schlüssige Aussage über die Fruchtbarkeit eines Menschen machen zu können.

Das Gesicht

Leichter als die Schädelform fallen dem ungeübten Beobachter die besonderen Merkmale des Gesichts ins Auge. Und tatsächlich findet jede Einzelheit des Antlitzes seit dem Altertum besondere Beachtung bei der Untersuchung der Physiognomie, des äußeren Erscheinungsbildes.

Allerdings ist das Gesicht keineswegs so einfach zu bewerten wie die doch weitgehend nicht zu verändernde Schädelform. Denn nicht nur mit Schminke lässt sich die persönliche Eigenheit vom Teint bis zu den Proportionen optisch so verändern, dass eine richtige Bewertung nicht mehr möglich ist. Zunehmend wird man es auch, zumindest in den reichen Industrienationen, mit Menschen zu tun haben, die durch chirurgisch-kosmetische Eingriffe ihr Aussehen „verbessert“ haben oder sich unerwünschte Falten unterspritzen ließen. Ein operativ verändertes Gesicht spiegelt bestenfalls die Idealvorstellung des betreffenden Menschen von sich selbst, meist aber nur Modetrends wieder. Zwar kann ein geübter Beobachter auch hier noch einiges erkennen, für den Anfang empfiehlt es sich aber, auch den Teint nur an einem ungeschminkten Gesicht zu beurteilen und die Bewertung eines operativ veränderten Gesichts vorerst noch zurückzustellen, bis mehr Erfahrungen bei der Betrachtung der Physiognomie gesammelt wurden.

Die Gesichtsfarbe

Abweichungen der gesunden Gesichtsfarbe können vorübergehend, durch seelische Stimmungen verursacht sowie krankheits- oder schwächebedingt sein. Handelt es sich um eine andauernde Veränderung, was sich nur durch längere Beobachtung feststellen lässt, ist die Gesichtsfarbe im nachfolgenden Sinne zu werten.

Die gesunde Gesichtsfarbe

Als gesund wird eine strahlende, leuchtende (kein Fettglanz!), vor allem an den Wangen rosig schimmernde Haut in der Tönung der jeweiligen Rasse angesehen. Am besten verdeutlicht dies das chinesische Sprichwort: „Das Herz zeigt seinen Glanz im Gesicht."

Die weiße Gesichtsfarbe

Dieser blasse bis bleiche Teint lässt sich bei weißen Menschen wahrscheinlich am schwierigsten erkennen. Vorübergehend entsteht er bei großem Schrecken. Dem „Porzellanteint" fehlt jeglicher rosige Hauch, wenn er auch manchmal Glanz zeigt. Die weiße Farbe verweist auf eine langdauernde Schwäche bis hin zur Erschöpfung verbunden mit Frieren. Das Extrem ist die Leichenblässe.

Besteht der weiße Teint über lange Zeit, kann er auch Ausdruck einer seelischen Schwäche sein. Solche Menschen wahren immer kühle Distanz zu ihren Mitmenschen, an die Stelle echter Wärme treten ritualisierte Höflichkeitsgesten. Die Grundeinstellung zum Leben ist eher negativ und ablehnend.

Die rote Gesichtsfarbe

Vorübergehendes Rotwerden ist Ausdruck starker Gefühle. Andauernde Rotfärbung ist ein Merkmal von Kraft, starkem Gefühlsreichtum und Einsatzbereitschaft. Der Kontakt zu anderen Menschen ist warm bis leidenschaftlich – in der Zuneigung wie im Zorn. Der Mensch ist stets leicht erregt, laue Gefühle oder halber Einsatz sind ihm fremd.

Eine zu starke Rotfärbung lässt auf Herzleiden und Bluthochdruck schließen, auch den „Hitzschlag" oder hohes Fieber erkennt man am tiefroten Gesicht. Krankheiten, welche sich durch starke Rotfärbung des Gesichts zeigen, verlaufen heftig und akut.

Die gelbe Gesichtsfarbe

Plötzliche Gelbfärbungen sind eher selten. Meist entstehen sie langsam und deuten auf einen Zustand voller Sorgen und Kümmernisse hin. Der Mensch kann die Anforderungen des Lebens nicht mehr angemessen bewältigen, vor allem am Vormittag fühlt er sich schwach. Körperlich liegt eine Schwäche der Bauchspeicheldrüse, der Milz und des Magens vor.

Extrem gelbe Farbe, auch im Weißen des Auges, „Gelbsucht", entsteht als Folge einer Störung der Leberfunktion und gehört in fachkundige Behandlung.

Die grünliche Gesichtsfarbe

Schmerzen und Krämpfe geben dem Gesicht vorübergehend diese Tönung. Langanhaltender Ärger, der nicht ausgelebt, sondern unterdrückt wird, und die daraus resultierende Frustration zeigen sich in einer grünlichen Gesichtsfarbe. Dadurch wirkt der Mensch insgesamt eher gehemmt und abweisend.

Körperlich kann diese Farbe auf eine Störung der Leber- und Gallenfunktion hinweisen.

Die graue bis schwarzgraue Gesichtsfarbe

Entsetzen und Existenzangst geben dem Gesicht diese Farbe, extremer Ausdruck ist die Todesangst. Ein Mensch mit grauer Gesichtsfarbe leidet an großer Schwäche. Häufig erlebt er nur am späten Nachmittag eine vorübergehende Periode ansteigender Energie. Manchmal zeigt sich die Tönung vor allem durch schwarze Schatten unter den Augen. Die Schwäche kann Ausdruck fortgeschrittenen Lebensalters oder Folge bzw. Ausdruck einer schweren Krankheit sein. Sie kann sich aber auch als Folge einer übermenschlichen Anstrengung zeigen. Körperlich drücken sich Krankheiten der Nieren in der grauen Gesichtsfarbe aus. Allerdings haben auch Raucher nach einigen Jahren einen grauen Teint und zeigen damit die Schwäche, an der ihr Organismus infolge der Giftzufuhr leidet.

Die Hautbeschaffenheit

Zwar betrifft die Haut den gesamten Organismus, die Stärke lässt sich aber sehr gut im Gesicht feststellen. Vor allem an der Schläfenregion, an der sich in der Regel nie Fettgewebe befindet, ist dünne Haut besonders gut zu erkennen.

Dünne Haut

Sie deutet auf starke bis übertriebene Sensibilität und die Unfähigkeit hin, zu Eindrücken und Erlebnissen den notwendigen Abstand herzustellen.

Dicke Haut

Der Mensch mit dicker Haut hat eine Vorliebe für starke Eindrücke. Er liebt es, sich den Naturkräften auszusetzen. Schwache Reize werden als unbefriedigend oder gar nicht wahrgenommen.

Normale Hautstärke

Diese besitzt ein Mensch, der sich je nach Situation den Eindrücken und Erlebnissen öffnen oder sie abwehren kann.

Die Stirn

Gerade die Form der Stirn beeinflußt die Lage und Ausdehnung der vorderen Gehirnbereiche. Deshalb wurde sie schon immer besonders beachtet, wenn man einen Menschen und seine Denkweise verstehen wollte. Je größer die Stirn, um so mehr arbeitet der Mensch gedanklich, je kleiner, desto eher wird er instinktiv oder gefühlsbetont handeln. Dabei können auch insgesamt kleine Gesichter eine verhältnismäßig große Stirn aufweisen. Auch bei einem großflächigen Gesicht kann die Stirn klein ausfallen.

Der senkrechte oder zurückweichende Stirnwinkel

Gerade (in der traditionellen Deutung weibliche) und zurückweichende (in der traditionellen Deutung männliche) Stirnformen finden sich übrigens bei beiden Geschlechtern, wenn auch tatsächlich jeweils eine verstärkte Häufung bei den Geschlechtern im Sinne der konventionellen Interpretation festzustellen ist.

Kinder haben meist eine senkrechte Stirn, da sie die Welt noch zu verstehen suchen und auf ein geringes Repertoire an Vergangenheitsmustern zurückgreifen können.

Die gerade Stirn

Der Mensch mit senkrechter, gerader Stirn wird alles zunächst folgerichtig durchdenken. Erst wenn er sich einen Überblick verschafft hat, handelt er. Dadurch entsteht die Möglichkeit, sich völlig neu zu orientieren und Fehler

der Vergangenheit zu vermeiden. Situationen, die sofortiges Handeln erfordern, ohne den Sinn erkannt zu haben, lösen tiefe Verunsicherung und Ablehnung aus.

In der Tradition der Physiognomie wird diese Stirnform eher dem weiblichen Geschlecht zugeordnet.

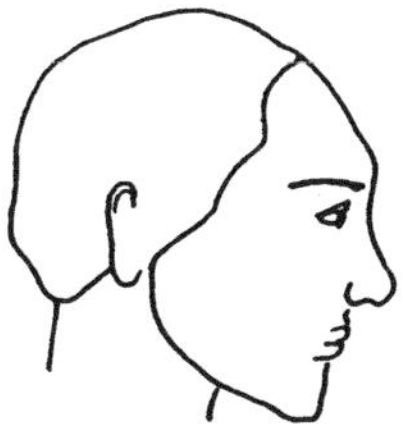

Die nach hinten zurückweichende Stirn

Der Mensch mit dieser Stirnform bevorzugt sofortiges Handeln. Nur ungern wird er vorher Informationen sammeln. Bewusste Gedankenarbeit, welche das Handeln hinauszögert, ruft starke Verwirrung und negative Reaktionen hervor. Dadurch wird die Situation immer mit Hilfe von Vergangenheitsmustern des Handelns und Denkens gelöst.

In der Tradition wird diese Stirnform dem männlichen Geschlecht zugeordnet.

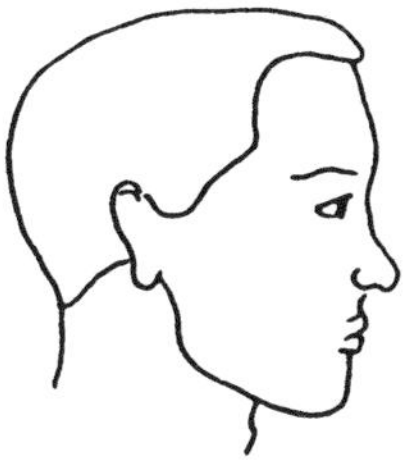

Die gerade, leicht nach hinten zurückweichende Stirn

Dies ist die ausgewogene Form. Der Mensch wird sein Handeln entweder vorher gründlich durchdenken oder die Dinge sofort so in die Hand nehmen, wie es die Situation erfordert. Dabei greift er auf vergangene Erfahrungen zurück oder orientiert sich völlig neu, je nachdem, was sinnvoller erscheint.

Stirnbeinhöcker

Diese bergartigen Erhebungen befinden sich seitlich an der Stirn, etwa über dem äußeren Augenwinkel. Fast alle Kinder haben ausgeprägte Stirnbeinhöcker.

Deutlich vorgewölbte Stirnbeinhöcker

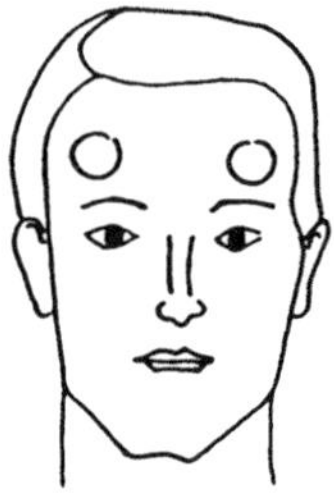

Kreativität und Phantasie sind deutlich ausgeprägt. Der Mensch handelt dadurch vorzugsweise erneuernd. Kann er seine Phantasie oder Kreativität nicht angemessen ausdrücken, entsteht der Wunsch, zu stören. Ein gutes Beispiel sind die heimlich und verbotenerweise angebrachten Graffitizeichnungen an den unpassendsten Stellen.

Keine Stirnbeinhöcker

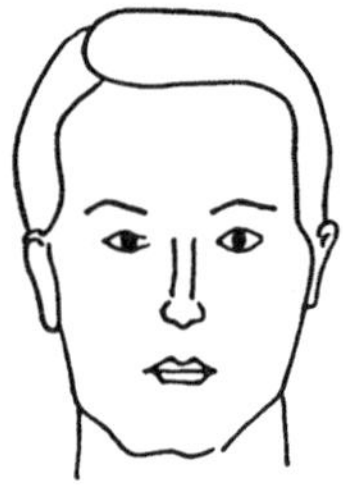

Hier liegt eine Vorliebe für Regeln und klar definierte Pflichten vor. Kreativität und Phantasie fehlen und werden bei anderen Menschen eher als Bedrohung der geschätzten Ordnung erlebt.

Mäßig ausgebildete Stirnbeinhöcker

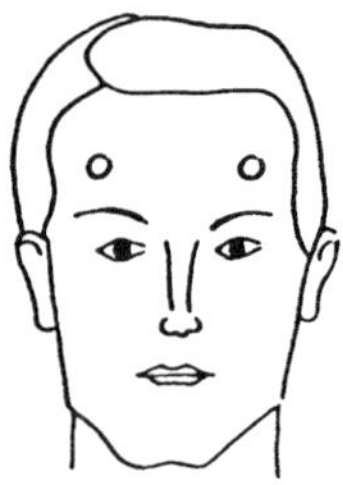

Dies ist die ausgewogene Form. Phantasie und Kreativität stehen in ausreichendem Maße zur Verfügung, um Neues zu entwickeln, aber es gibt auch Verständnis für Regeln und klar definierte Pflichten.

Die Mittellinie der Stirn

Die Mittellinie befindet sich genau oberhalb der Nasenwurzel in der Mitte der Stirn. Sie kann erhaben oder vertieft sein. Bei manchen Menschen befindet sich hier eine Schädelnaht, die Sutura metopica. Fast alle Kinder haben eine erhabene Mittellinie in der Stirn.

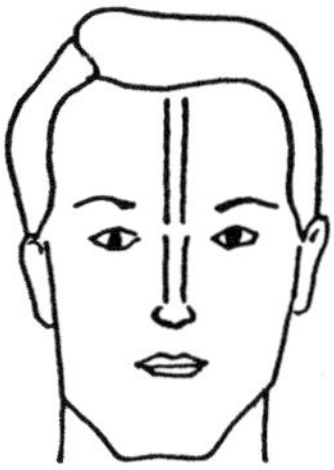

Mittellinie der Stirn erhaben

Der Mensch zeigt originelles Verhalten und hat die Fähigkeit, Neues zu erschaffen.

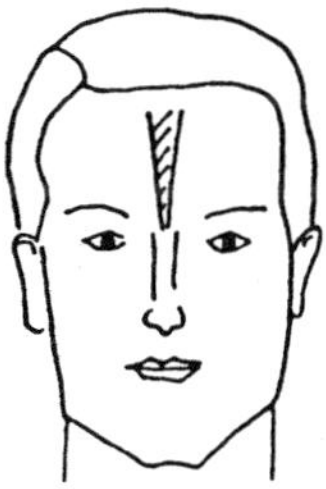

Mittellinie der Stirn eingesunken

Logisches Verhalten wird gebilligt, Neues wird nur dann verstanden und akzeptiert, wenn es folgerichtig scheint.

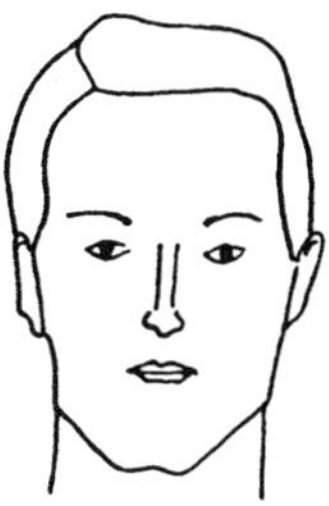

Mittellinie auf gleichem Niveau wie die gesamte Stirn

Meist besteht eine Tendenz in die eine oder andere Richtung, also leicht erhaben oder leicht eingesunken mit den entsprechenden Eigenschaften. Das ist aber nicht immer leicht zu erkennen! Diese Form ist ausgewogen. Dem Menschen steht sowohl folgerichtiges als auch originelles Verhalten zur Verfügung, um Neues zu erschaffen.

Die Stirnfalten

Falten entstehen im Laufe des Lebens durch ein Nachlassen der Gewebs- und Muskelspannung. Dabei prägen sich Falten dort ein, wo eine Bewegung häufig wiederholt wird. Die Art, wie die Stirn gerunzelt wird, bestimmt im Laufe der Jahre den Schwung und Verlauf der Faltenbildung. Raucher, insbesondere Frauen, entwickeln frühzeitig viele Falten, Menschen mit gut durchblutetem, elastischem Gewebe dagegen manchmal erst im hohen Alter.

Waagrechte Stirnfalten werden als Denkfalten bezeichnet, kleine senkrechte Falten zwischen den Augenbrauen als Zornesfalten. Allerdings kann eine anhaltende Überanstrengung der Augen, etwa bei zwar notwendiger, aber fehlender Sehhilfe, oder bei starker Lichtempfindlichkeit auch zu senkrechten Falten an dieser Stelle führen. Diese Falten sind dann weniger tief. Eine differenzierte Betrachtung verhilft hier zur richtigen Bewertung!

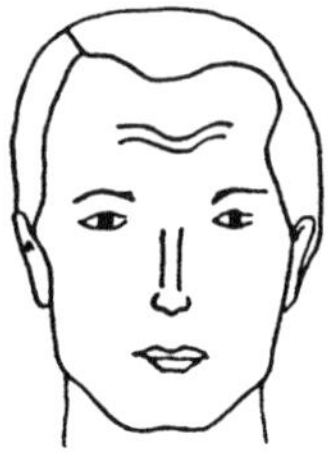

Waagrechte Stirnfalten, nach unten gerichtet

Stirnfalten, die sich in der Mitte der Stirn in Richtung Nase bewegen, deuten auf eine verschlossene, grüblerische Denkweise.

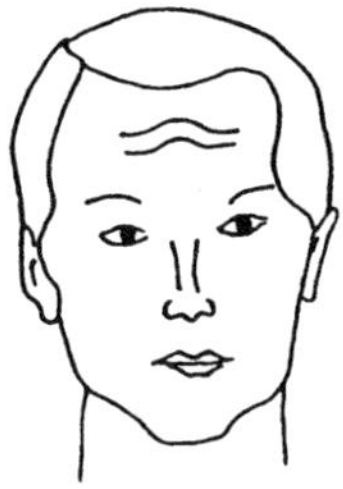

Waagrechte Stirnfalten, nach oben gerichtet

Stirnfalten, die sich in der Mitte der Stirn in Richtung Haaransatz bewegen, sprechen für eine neugierige, aufgeschlossene Denkweise und die Fähigkeit, zu staunen.

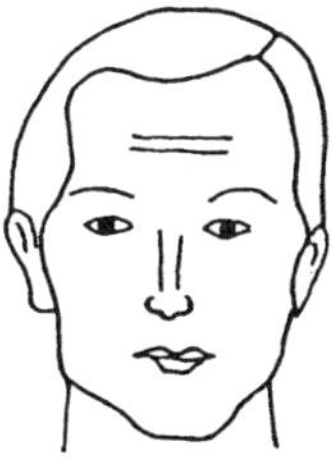

Waagrechte Stirnfalten

Sind die Stirnfalten insgesamt eher waagrecht, aber zahlreich vorhanden, weisen sie auf einen nachdenklichen Menschen hin.

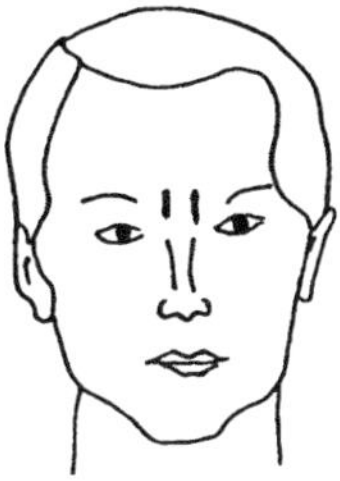

Tief eingekerbte, senkrechte Falten zwischen den Augenbrauen

Der Mensch hält seine Einstellung für die einzig richtige und gerät in Zorn, wenn andere Menschen sich nicht danach richten. Insgesamt ein Typ, der sich häufig ärgert.

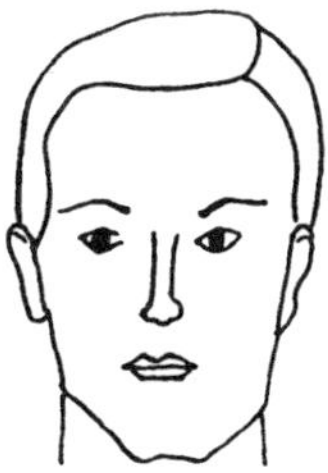

Fehlende senkrechte Falten zwischen den Augenbrauen

Der Mensch kann die Einstellungen anderer Menschen gut akzeptieren, ist insgesamt ausgeglichener Gemütsart.

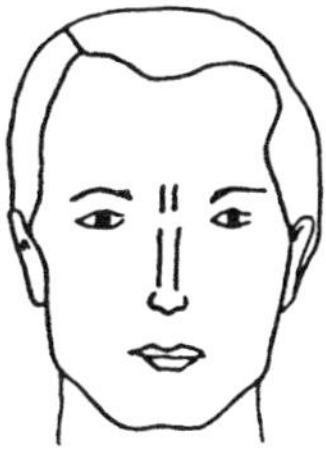

Feine senkrechte Falten zwischen den Augenbrauen

Diese entstehen durch Überanstrengung der Augen.

Die Schläfen

Die Schläfen sind die äußere Begrenzung der Stirn. Über den Knochen befindet sich nur wenig Gewebe. Bei großer Erschöpfung vermindert sich die Masse dieses Gewebes noch, und die Schläfen wirken eingesunken. Dieser Zustand muss von durch den Knochenbau bedingten eingesunkenen Schläfen unterschieden werden, was manchmal nicht einfach ist. Meist zeigt sich aber eine große körperliche Erschöpfung an mehreren Stellen, sodass die Einordnung bei genauer Beobachtung erleichtert wird.

Die nach oben breiteren Schläfen

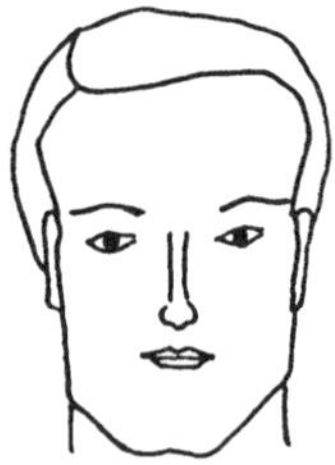

Der Mensch lebt unmittelbar in der Gegenwart. Er kann sich völlig auf seine augenblickliche Tätigkeit konzentrieren. Auch die Gefühle der Gegenwart werden sofort und heftig ausgelebt. Nur das Jetzt zählt, Vergangenheitsbetrachtung löst Ablehnung aus.

Die nach oben schmaleren Schläfen

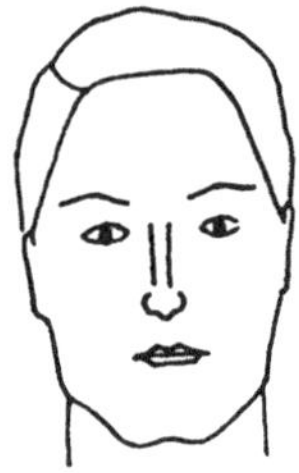

Der Mensch lebt in der Vergangenheit. Was dort geschah, empfindet er als gut und möchte diesen Zustand immerfort erhalten. Über vergangene Leiden kann er nicht hinwegkommen. Gegenwartsbetrachtung löst negative Reaktionen aus.

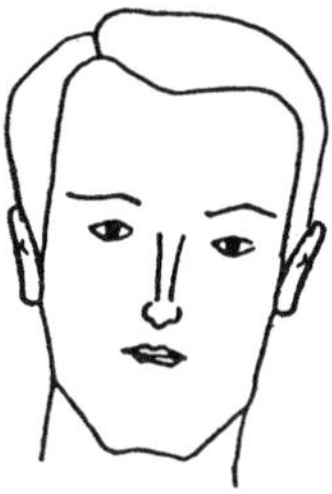

Die geraden Schläfen

Dies ist die ausgewogene Form. Der Mensch kann sich gleichzeitig erinnern und in der Gegenwart leben. Wo es sinnvoll ist, wird das Vergangene erhalten, wo es angebracht ist, wird das Gegenwärtige stärker betont.

Die Längsfalte auf der Schläfe

Die Falte kann auch schräg verlaufen, in Richtung Ohr oder aber in Richtung Wange. Diese Falte weist auf einen Mangelzustand hin – entweder im Flüssigkeitsbereich oder in der Ernährung. Sie kann auch dann auftreten, wenn ein Mensch übergewichtig erscheint.

Die Wangenknochen

Die Form der Wangen wird wesentlich von den Jochbeinen oder Wangenknochen bestimmt. Ausgeprägte Wangenknochen weisen nicht nur auf eine stabile körperliche Konstitution, sie erhalten einem Gesicht auch lange das jugendliche Aussehen und bestimmen die Breite des Gesichts. Sind die Wangen unterhalb der Wangenknochen eingefallen, ist der Mensch erschöpft oder unterernährt. Eine rote oder gar blaurote Verfärbung auf und etwas unterhalb der Wangenkochen ist immer ein Hinweis auf gesundheitliche

Probleme. Dabei kann es sich z.B. um erhöhten Blutdruck, Alkoholkrankheit oder eine Lungenerkrankung handeln. Die rosige Tönung der Wangen dagegen wirkt reizvoll, da sie ein Zeichen körperlicher Gesundheit ist. Auch plötzliches Erröten durch ein heftiges Gefühl oder Erblassen vor Schreck zeigt sich an der Färbung der Wangen.

Breite, ausgeprägte Wangenknochen

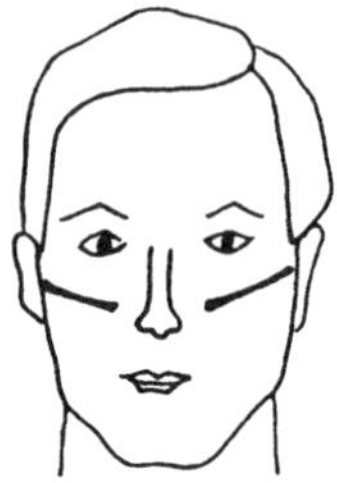

Der Mensch hat ein starkes Selbstvertrauen. Unverzüglich werden notwendige Handlungen angegangen. Veränderungen werden begrüßt. Vor allem in Verbindung mit einem breiten, ausgeprägten Kiefergelenk besteht die Fähigkeit, andere Menschen zu führen.

Schmale, wenig sichtbare Wangenknochen

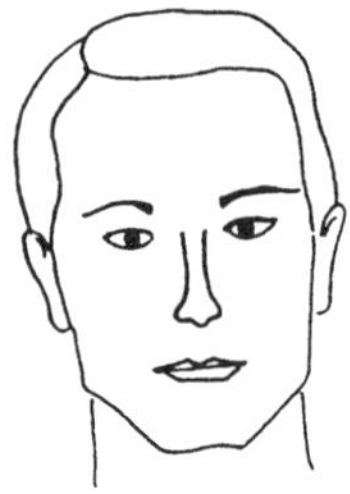

Ein unsicherer Mensch, der am liebsten am Bewährten festhält und Veränderungen vermeidet.

Mäßig ausgebildete Wangenknochen

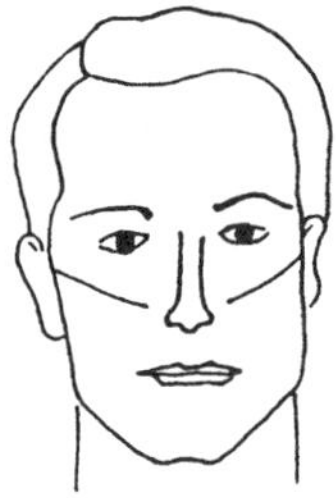

Dies ist die häufigste Form. Der Mensch wendet meistens das bewährte Verhalten an und ist vorsichtig. Wenn es notwendig ist, kann er aber auch Veränderungen umsetzen. Das Selbstvertrauen ist mäßig ausgeprägt.

Der Kiefer

Der Kiefer bestimmt, zusammen mit den Wangenknochen, die Breite des Gesichts. Oft, aber nicht immer, sind Wangenknochen und Kiefer breit. Es ist aber auch möglich, dass die Wangenknochen breit und das Kiefergelenk schmaler sind. Der breite Kiefer verrät etwas über Mut und Führungskraft.

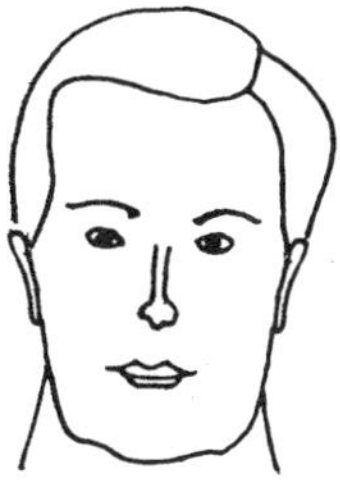

Der breite Kiefer

Ein Mensch, der angesichts von Gefahr entschlossen und mutig handelt. Er besitzt Führungsqualitäten, die ohne sein Zutun von anderen Menschen akzeptiert werden.

Der schmale Kiefer

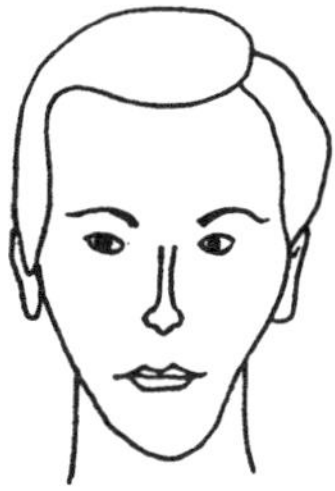

Ein ängstlicher Mensch, der bei Gefahr oder Bedrohung erst einmal nachdenkt bzw. sich zurückhält. Er lässt sich gerne führen.

Der mittelmäßig ausgeprägte Kiefer

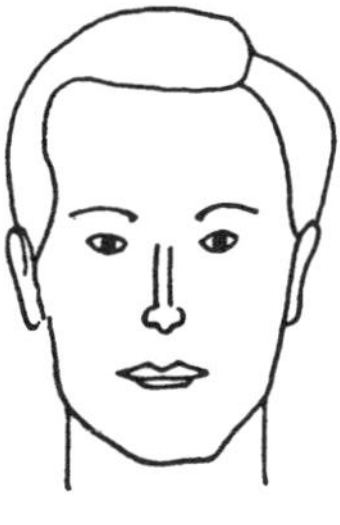

Bei Gefahr oder Bedrohung handelt der Mensch entschlossen oder zurückhaltend, wie er es der Situation für angemessen hält. Er verfügt bedingt über die Fähigkeit, eine Gruppe zu führen, setzt sie aber nicht ein, wenn bereits ein anderer Mensch die Führung übernommen hat.

Die Augen

Das Auge gilt als Fenster der Seele. Der Eindruck, den wir von einem Gesicht haben, wird wesentlich vom Auge bestimmt. Gleichzeitig ist es eines unserer wichtigsten Wahrnehmungsorgane. Der Sehsinn prägt unser seelisches Erleben wie sonst kaum ein anderer.

Am Zustand des Auges lässt sich viel über den Gesundheitszustand eines Menschen feststellen. Eine differenzierte naturheilkundliche Methode, die Irisdiagnose, beschäftigt sich mit dieser Kunst. Es gibt sowohl vorübergehende Zeichen, wie etwa die Rötung bei überanstrengten Augen, als auch ständige Merkmale, welche dann entsprechend mehr Anhaltspunkte für die gesundheitliche Diagnose des Arztes oder Heilpraktikers liefern.

Die physiognomische Bewertung des Auges hat eine reiche, jahrtausendealte Tradition. Dabei wird sowohl das Auge selbst als auch seine anatomische Lage bewertet. Zum Auge finden sich viele widersprüchliche Angaben in der traditionellen und antiken Literatur. Nachfolgend stelle ich Merkmale vor, wie sie übereinstimmend in allen eingangs angeführten, heilkundlichen Richtungen der Physiognomie beschrieben werden.

Leuchtende Augen gelten als schön und gesund, aber hier gibt es ebenfalls Ausnahmen. Bei Tuberkulosekranken etwa werden die Augen besonders strahlend, und auch bei beginnender Schilddrüsenüberfunktion glänzen die Augen stärker. Schließlich kennt jeder die fieberglänzenden Augen. Trübe Augen sind in jedem Fall ein gesundheitliches Warnzeichen.

Je weißer die Sklera (das „Weiße" im Auge), um so schöner wirkt das Auge. Rötungen sind ein Zeichen für trockene oder entzündete Augen, deutlich sichtbare rote Äderchen ein Hinweis auf einen Stau der Gefäße im Augenbereich.

Eine große Iris wird als schön erlebt, und tatsächlich zeigt sie eine besondere Offenheit der Wahrnehmung. Alle Kleinkinder haben eine große Iris, danach verkleinert sie sich normalerweise mit zunehmendem Alter.

Zusammen mit den Wangenknochen bilden die Augen die breiteste Stelle des Gesichts. Diese wird im Verhältnis zur Länge des Antlitzes bewertet. Dabei springen die Extreme auch ohne Messung deutlich ins Auge des Betrachters!

Die Augenregion

Dies ist die Zone von einem äußeren Augenwinkel zum anderen. Sie wird im Verhältnis zur Gesichtslänge bewertet.

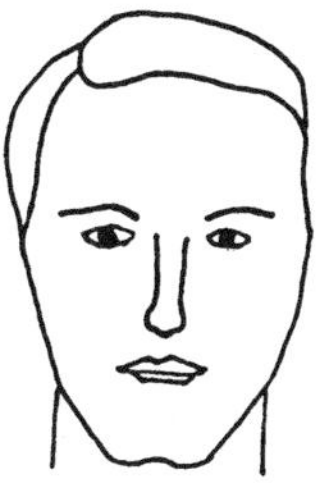

Augenregion breit

(etwa zwei Drittel der Gesichtslänge)

Sie spricht für Selbstsicherheit und den Wunsch, sich unmittelbar am Geschehen zu beteiligen.

Augenregion schmal

(etwa ein Drittel der Gesichtslänge)

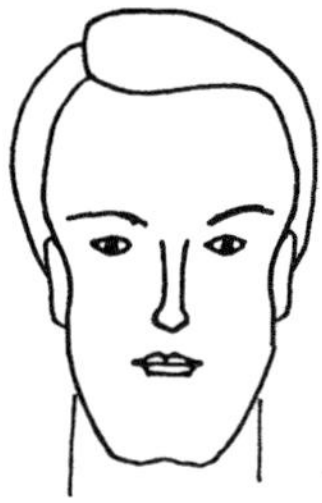

Hier schätzt der Mensch ein vorsichtiges Vorgehen und möchte das notwendige Verhalten für ein Ereignis allmählich erlernen können.

Augenregion ausgewogen

(etwa die Hälfte der Gesichtslänge)

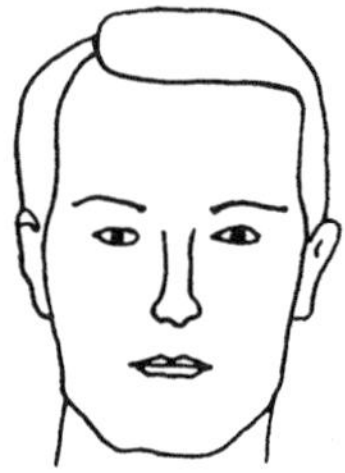

Der Mensch kann sich, je nach Situation, vorsichtig oder spontan verhalten. Die Selbstsicherheit ist normal ausgeprägt, bei Bedarf ist auch vorsichtiges Verhalten möglich.

Die Lage der Augen

Die Gesichtshälften eines Menschen sind niemals völlig gleich. Besonders stark zeigt sich dies in der Lage der Augen. Auch sie liegen in den seltensten Fällen ganz genau auf einer Ebene.

Lage der Augen rechts-links genau gleich

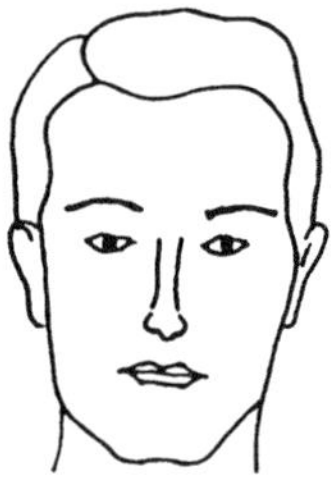

Diese Lage der Augen ist nicht so häufig. Menschen mit einer solchen Augenplazierung haben es schwer, eine Angelegenheit von zwei Seiten zu sehen und legen größten Wert auf gleichbleibendes Verhalten.

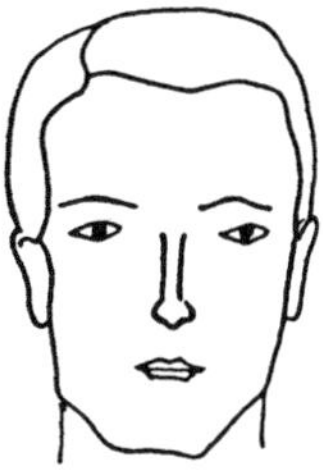

Lage der Augen rechts-links sehr verschieden

Menschen mit dieser Augenplazierung wechseln oft in der Wahrnehmung einer Situation von einem Standpunkt zum anderen. Sie haben Mühe, sich festzulegen und wirken in ihrem Verhalten sprunghaft.

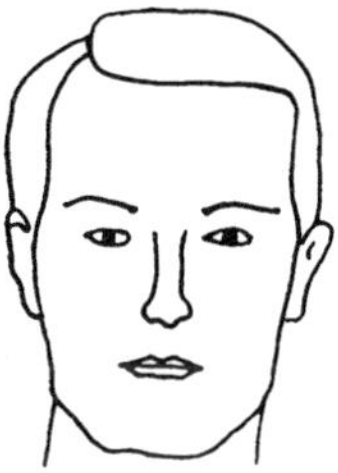

Lage der Augen rechts-links leicht unterschiedlich

Diese Augenplazierung ist die günstigste. Der Mensch kann eine Situation von verschiedenen Seiten aus betrachten. Sein Verhalten ist der Situation entsprechend variierend oder gleichbleibend.

Der Augenabstand

Mit Augenabstand ist die Entfernung von einem inneren Augenwinkel zum anderen gemeint; eine Augenlänge dazwischen gilt als der normale Abstand.

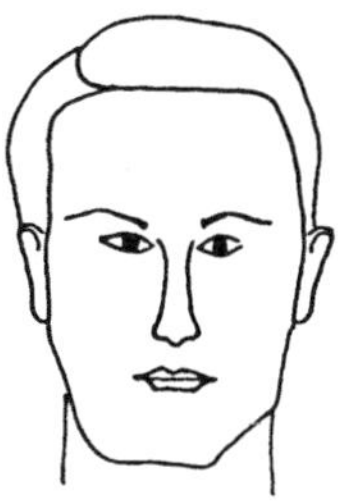

Geringer Augenabstand

Eigene Fehler und die anderer Menschen werden schwer ertragen. Es besteht eine enge Sichtweise von Problemen und Situationen.

Weiter Augenabstand

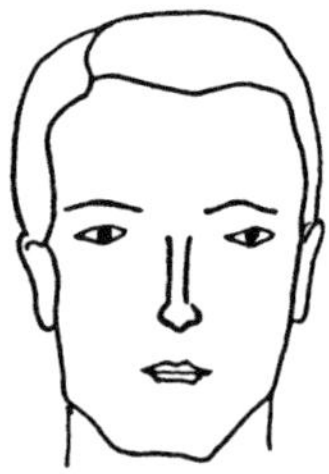

Fehler werden nicht ernstgenommen. Situationen und Probleme betrachtet dieser Mensch sehr offen.

Normaler Augenabstand

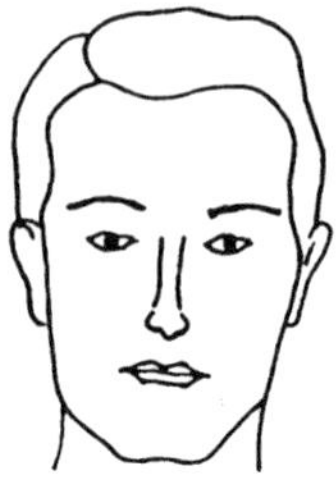

Als normaler Augenabstand wird etwa eine Augenlänge gewertet. Dies ist die ausgewogene Form. Je nach Situation wendet der Mensch eine offene oder engere Betrachtungsweise an. Fehler werden gemäß ihrer Bedeutung abgelehnt oder toleriert.

Der Knochenvorsprung über den Augen

An der unteren waagrechten Linie der Stirn kann sich ein knöcherner Vorsprung bilden. Diese Wölbung befindet sich über den Augen, spart aber den mittleren Bereich der Stirn aus. Sie findet sich häufiger, aber nicht ausschließlich, bei Männern. Bei Frauen ist der Knochenvorsprung über den Augen seltener.

Ein extremer Knochenvorsprung über den Augen ist Hinweis auf eine depressive Veranlagung.

Deutlicher Knochenvorsprung über den Augen

Der Mensch zeigt methodisches Vorgehen und systemorientiertes Verhalten. Spontane Reaktionen werden gefürchtet und abgelehnt.

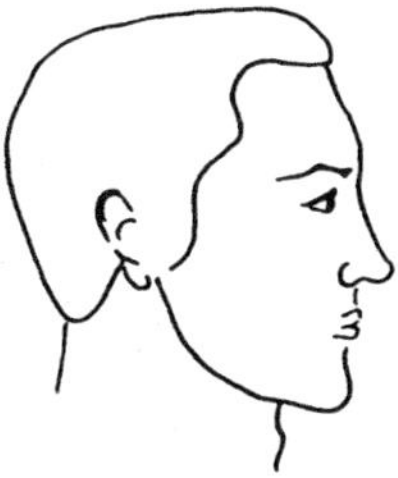

Kein Vorsprung über den Augen

Spontane Reaktionen sind für diesen Menschen typisch. Methodisches Vorgehen und systemorientiertes Verhalten werden abgelehnt.

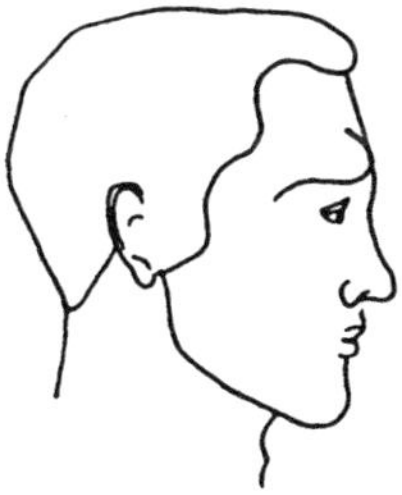

Leichter Knochenvorsprung über den Augen

Dies ist die ausgewogene Form. Entsprechend den Anforderungen der Situation kann der Mensch zwischen spontaner Reaktion und methodischem Verhalten innerhalb eines Systems wählen.

Die Augenbrauen

Die Augenbrauen bilden eine Grenze zwischen der Stirn und dem unteren Bereich des Gesichts. Ebenso wie die Wimpern tragen die Augenbrauen viel zum Ausdruck der Augen bei. Eine Deutung im nachfolgenden Sinne ist natürlich nur möglich, wenn keine kosmetischen Veränderungen daran vorgenommen wurden. Bei gesunden Menschen behalten die Augenbrauen und Wimpern ihre natürliche Haarfarbe länger als das Haupthaar. Deshalb ist ein frühzeitiges Ergrauen der Augenbrauen als Krankheitszeichen zu werten. Einseitige Veränderungen an den Brauen sind ebenfalls ein Hinweis auf gesundheitliche Störungen.

Gerade und nach auswärts gebogene Augenbrauen finden sich sowohl bei Männern als auch bei Frauen. Eine Häufigkeit im Sinne der Tradition der physiognomischen Deutung kann aber schon festgestellt werden, d.h. mehr gerade Augenbrauen bei Männern und häufiger nach auswärts gebogene Augenbrauen bei Frauen.

Augenbrauen gerade

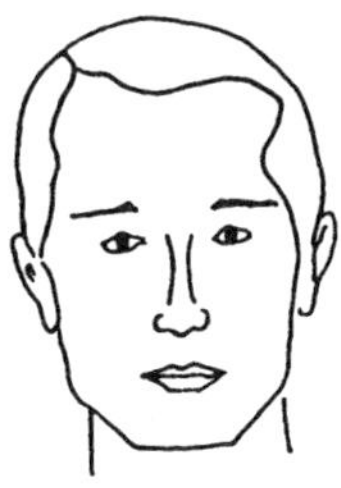

Der Mensch hat einen zurückhaltenden gefühlsmäßigen Ausdruck und zeigt geplantes, zielstrebiges Handeln. Diese Augenbrauenform und das daraus entstehende Verhalten wird traditionell Männern zugeordnet.

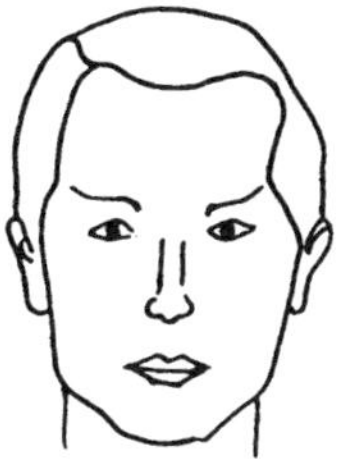

Augenbrauen nach auswärts gebogen

Der höchste Punkt der Augenbrauen befindet sich hier seitlich von der Pupille in Richtung Schläfe. Ausgeprägter gefühlsmäßiger Ausdruck ist die wichtigste Äußerungsmöglichkeit dieses Menschen. Eine solche Augenbrauenform wird traditionell Frauen zugeordnet.

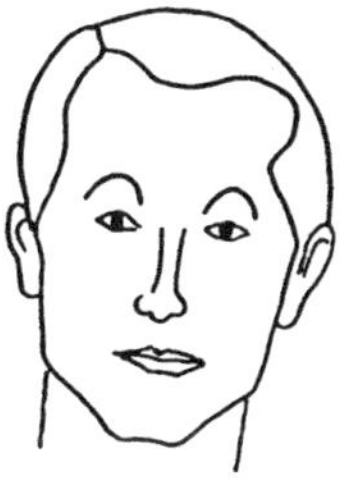

Halbkreisförmige Augenbrauen

Menschen mit halbkreisförmigen Augenbrauen streben nach Harmonie und Einklang mit anderen Menschen und sind auch in der Lage, dies herzustellen. Madonnenbilder des Mittelalters zeigen Maria immer mit halbkreisförmigen Augenbrauen.

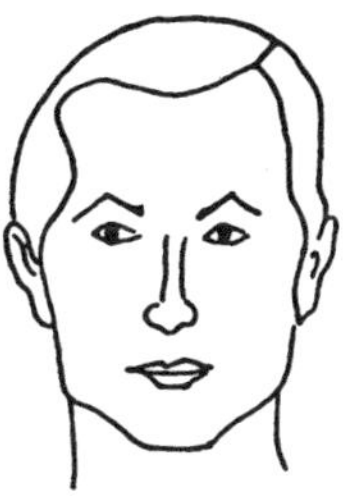

Augenbrauen bilden zur Stirn hin einen Winkel

Menschen, denen kreative Gestaltung ein lebenswichtiges Anliegen ist, zeigen einen solchen Augenbrauenwinkel. Je schärfer der Winkel, um so ausgeprägter das Bedürfnis nach kreativem Ausdruck.

Tiefliegende Augenbrauen

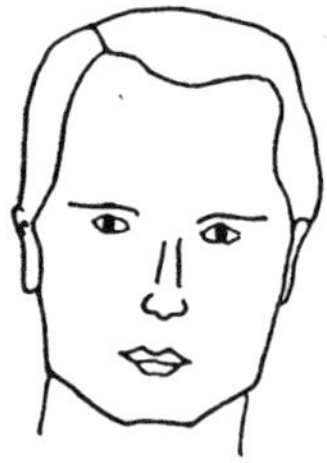

Hier ist ein enger Abstand zwischen den Augenbrauen und der Augenhöhle gemeint.

Menschen mit tiefliegenden Augenbrauen sind zwanglos und aufgeschlossen. Ob eine Lebenslage ihnen entspricht, entdecken sie erst, wenn sie schon mittendrin sind.

Hohe Augenbrauen

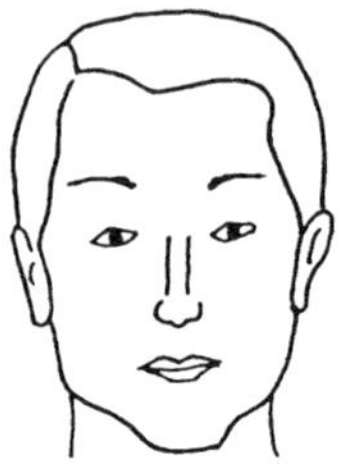

Hier ist ein weiter Abstand zwischen den Augenbrauen und der Augenhöhle gemeint.

Menschen mit hohen Augenbrauen brauchen Abstand und Förmlichkeit, vor allem, wenn Neues auf sie zukommt. Bevor sie sich in eine Lebenslage hineinbegeben, prüfen sie, ob diese ihnen entspricht.

Schräge Augenbrauen

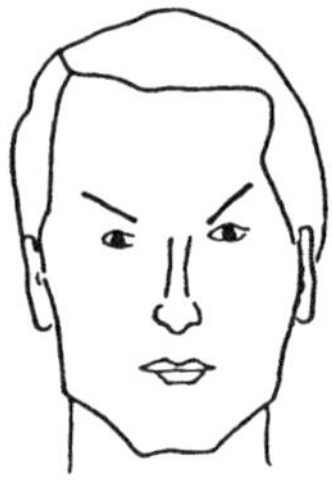

Die Brauen beginnen tief an der Nasenwurzel und enden weit oben und außen in Richtung Schläfe: „Mephistoform“. Menschen mit dieser Augenbrauenform werden ihre Interessen rücksichtslos und selbstbezogen durchsetzen.

Die Wimpern

Dichte, dunkle Wimpern schützen das Auge nicht nur vor zu starkem Lichteinfall, sie machen den Blick auch lebendiger und lassen das Auge ausdrucksvoller erscheinen. Deshalb wird hier vor allem von Frauen kosmetisch viel verändert. Um die Wimpern in eine Deutung einzubeziehen, sollte deshalb stets ein ungeschminktes Auge betrachtet werden.

Fehlende oder ausfallende Wimpern sind als Krankheitszeichen zu werten, da dies normalerweise erst im hohen Alter auftritt.

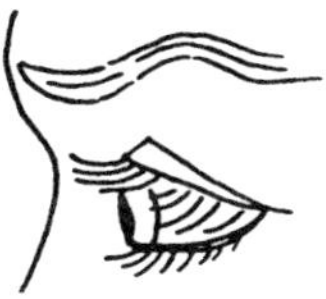

Gewellte, lange Wimpern

Ein Mensch mit dieser Wimpernform nimmt die Außenwelt träumerisch, wie dämmrig wahr und ist leicht sentimental.

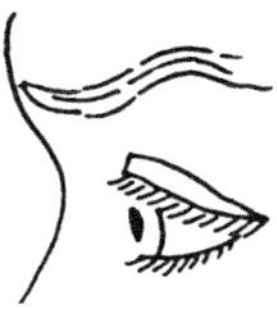

Kurze, gerade Wimpern

Die Außenwelt wird von einem Menschen mit kurzen, geraden Wimpern nüchtern und realistisch wahrgenommen.

Die Augenlider

Die Augenlider dämpfen, wie die Wimpern, zu starkes Licht. Durch die Fähigkeit, sich zu schließen, schützen sie das Auge auch vor Verunreinigungen und, bis zu einem gewissen Grad, vor Verletzungen. Der unbewusste Lidschlag hilft außerdem, das Auge zu befeuchten, da er den feinen Flüssigkeitsfilm, welcher das Auge überzieht, immer wieder neu verteilt. Am Zustand der Ober- und Unterlider lässt sich eine Vielzahl von körperlichen Ungleichgewichten ablesen. Am bekanntesten sind wohl die dunklen Augenschatten bei Erschöpfung. Im Alter und bei Müdigkeit senken sich die Oberlider zunehmend, um auf diese Weise das überanstrengte Auge zu schützen. Denn je tiefer sich die Oberlider senken, um so kleiner ist das Gesichtsfeld und der Lichteinfall. Schwellungen der Lider deuten meist auf Störungen der Nierenfunktion oder Herzschwäche. Die Haut unter den Augenbrauen kann eine Falte bilden und das Oberlid teilweise oder vollständig bedecken.

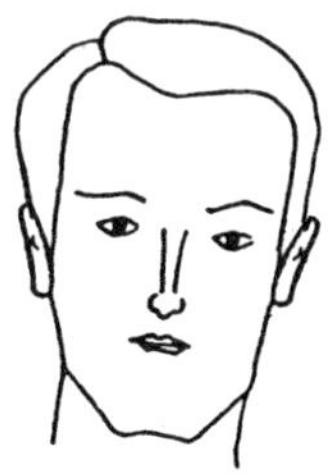

Das obere Augenlid ist sichtbar

Der Mensch geht direkt mit Gefühlen um und handelt auf Grund von Emotionen rasch und impulsiv.

Das obere Augenlid ist bedeckt

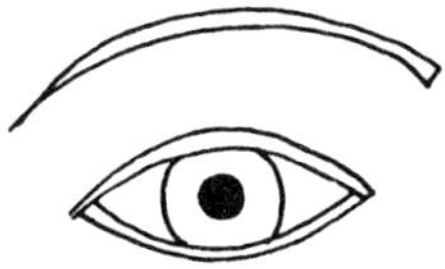

Der Mensch rationalisiert Gefühle und lässt sich erst dann von Gefühlen zur Handlung treiben, wenn er sie analysiert und verstanden hat.

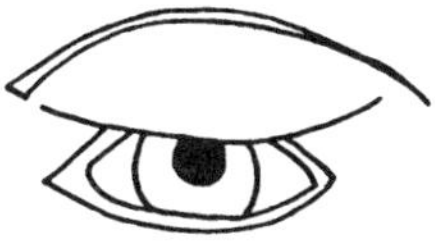

Das obere Augenlid hängt über dem Auge

Das Auge ist teilweise vom Oberlid bedeckt. Der Mensch verschließt sich dadurch äußeren Eindrücken und dies um so stärker, je mehr von dem Auge bedeckt ist. Dies kann ein vorübergehender, durch Erschöpfung bedingter Zustand sein.

Das obere Augenlid ist weit geöffnet

Der Mensch ist offen für alle Eindrücke und jeglichen Lichteinfall. Dies zeigt sich in rascher Auffassungsgabe und hellwacher Wahrnehmung.

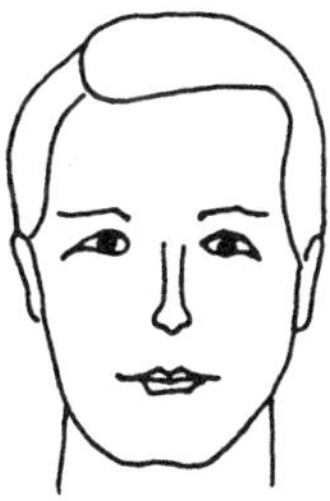

Der äußere Augenwinkel neigt sich nach unten

(Richtung Kiefer)

Fehler werden sofort wahrgenommen und scharf kritisiert. Der betreffende Mensch erlebt dies selbst als objektive Sehweise.

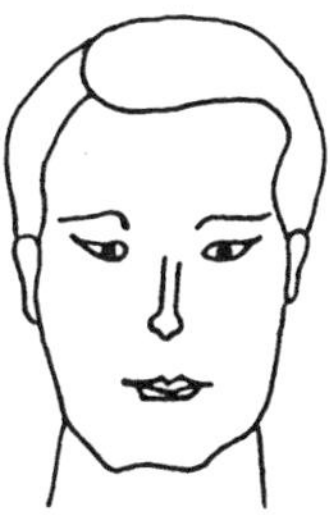

Der äußere Augenwinkel neigt sich nach oben

(Richtung Schläfe)

Der Mensch entwickelt bei der Wahrnehmung von Fehlern Verständnis und versucht, das durch den Fehler gestörte Gleichgewicht wiederherzustellen.

Das Auge liegt gerade

Dies ist die ausgewogene Form. Der Mensch kann Fehler objektiv wahrnehmen und benennen, sich aber auch um Verständnis und Gleichgewicht bemühen, je nachdem, wie es der Situation angemessen ist.

Die Iris

Die Iris ist das farbige Rund im Augenweiß. Diese wird um so schöner empfunden, je größer sie ist.

Große Iris

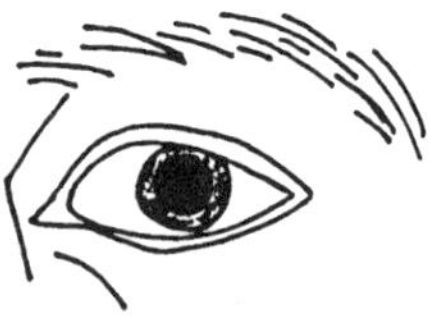

Sie deutet auf Offenheit für jede Art von Wahrnehmungen hin. Der gefühlsmäßige Ausdruck ist lebenswichtig.

Kleine Iris

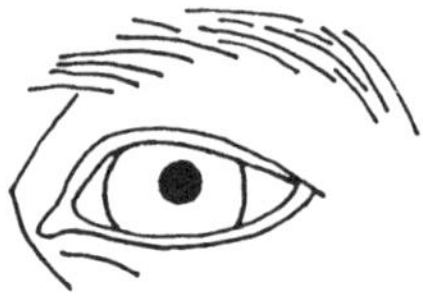

Diese zeigt Verschlossenheit, vor allem in der gefühlsmäßigen Wahrnehmung und im Ausdruck von Gefühlen. Sie tritt häufiger bei Männern auf.

Normal große Iris

Gefühle können der Situation angemessen ausgedrückt werden. Die Wahrnehmung von Emo¬tionen ist möglich, bei Bedarf kann der Mensch sie auch einschränken.

Die Augenfalten

Die Haut um die Augen herum ist sehr zart, deshalb bilden sich hier verhältnismäßig früh Falten. Allerdings gilt auch hier: Je gesünder und kraftvoller der Mensch ist, um so später bilden sich Falten.

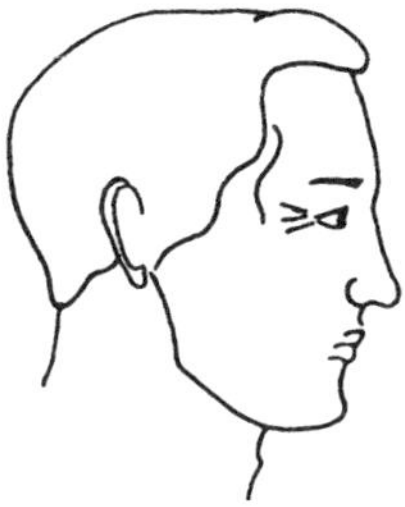

Krähenfüße

Diese wenigen, tief eingekerbten Falten um die Augen verlaufen in Richtung Schläfe.

Sie deuten auf eine besorgte Grundstimmung hin und ein länger andauerndes Gefühl, überanstrengt zu werden.

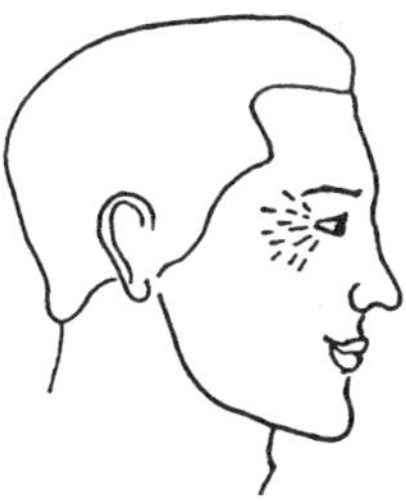

Lachfältchen

Lachfältchen bilden sich kranzförmig um die Augen in Richtung Schläfe aus. Sie weisen auf einen einfühlsamen, fröhlichen Menschen hin.

Die Nase

Die Nase teilt das Gesicht in eine rechte und eine linke Hälfte. Ihre Form ist erheblich daran beteiligt, ob wir einen Menschen attraktiv finden oder nicht. Wie schon bei den Augen, werden seit dem Altertum aus der Form und Beschaffenheit der Nase viele Informationen über den Gesundheitszustand eines Menschen abgelesen.

Die Nase erfüllt anatomisch zwei wesentliche Funktionen. Über die Nasenlöcher nehmen wir den lebensnotwendigen Sauerstoff auf, und außerdem hat der Geruchssinn seinen Platz in der Nase. Er ist der älteste unserer Sinne und bestimmt auf unbewusster Ebene die Sympathie oder Antipathie, die wir für andere Menschen empfinden, stärker als wir glauben. Es steckt viel Wahres in dem Ausdruck „jemanden nicht riechen können". Deshalb wurden schon früh in der Menschheitsgeschichte Parfüms eingesetzt. Sobald der natürliche Körpergeruch überdeckt wird, können wir uns auf den Geruchssinn nicht mehr verlassen, der uns ansonsten recht zuverlässig anzeigen würde, mit welchen Menschen wir auskommen werden.

Die Form der Nase verändert sich im Laufe des Lebens. Fast alle Säuglinge weisen dieselbe Nasenform auf: große, runde Nasenlöcher und gut ausgebildete Nasenflügel, während der Nasenrücken wenig entwickelt erscheint. Dies entspricht der für Babys existentiellen Notwendigkeit, auch während des Saugens schneller und häufiger zu atmen. Diese kleinkindliche Nasenform sollte sich bis etwa zum neunten Lebensjahr verändern. Ihre endgültige Form entwickelt die

Nase erst während oder nach der Geschlechtsreife. Im Laufe des Lebens wird die Nase häufig länger und weist zunehmend zum Boden. Das entspricht zum einen den Gesetzen der Schwerkraft, zum anderen der nachlassenden Vitalität des alternden Menschen.

Wird ein Mensch an den Nasenflügeln oder um die Nase herum plötzlich blaß, so leidet er unter krampfartigen Schmerzen oder ein Kreislaufkollaps droht! Hier sollte sofort Hilfestellung angeboten werden, am besten, indem Fachleute gerufen werden. Besteht die Blässe über längere Zeit, so ist dies ein Hinweis auf eine Magen- oder Lungenerkrankung. Eine rote Nase deutet auf Alkoholkrankheit oder eine Magenerkrankung hin, die blaurote Nase auf niedrigen Blutdruck. Ist die Nase sowohl rot als auch mit sichtbaren Äderchen überzogen, liegt hoher Blutdruck und/oder eine Herzstörung vor.

Diese leicht zu erkennenden Merkmale sollten in die Bewertung der Nase miteinbezogen werden. Es ist z.B. wenig sinnvoll, mit einem Alkoholiker zu verhandeln, ohne seine Krankheit zu bedenken, oder mit einem an hohem Blutdruck leidenden, herzkranken Menschen einen heftigen Streit auszufechten, da dies einen ernsthaften gesundheitlichen Schaden bei ihm hervorrufen könnte.

Die Nasengröße

Die Größe der Nase bestimmt, wieviel Luft wir zum Atmen aufnehmen können. Deshalb wird seit altersher eine Verbindung zwischen Leistungskraft und Nasengröße angenommen. Ob eine Nase klein oder groß ist, wird im Verhältnis zur Gesichtsgröße bewertet. Eine grundsätzlich große Nase muss von der sich verlängernden Nase des alten Menschen unterschieden werden.

Die große Nase

Sie weist auf einen Menschen mit hoher Leistungsfähigkeit, Durchsetzungskraft und Vitalität hin.

Die kleine Nase

Eine kleine Nase wird mit körperlicher Schwäche, Nachgiebigkeit und fehlender Vitalität assoziiert.

Die normal große Nase

Hier sind die Lebenskraft und das Durchsetzungsvermögen des Menschen durchschnittlich.

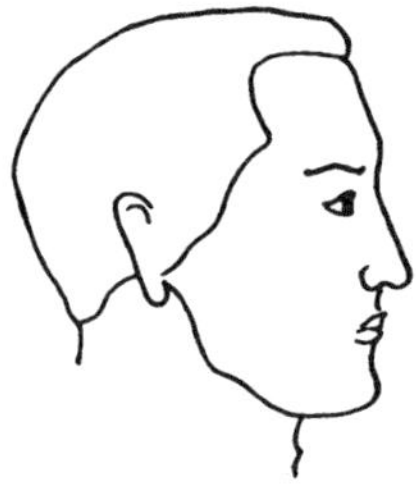

Der Nasenrücken

Der Nasenrücken sagt etwas darüber aus, wie wir unser Bedürfnis nach Nähe und Gemeinschaft mit anderen Menschen ausdrücken.

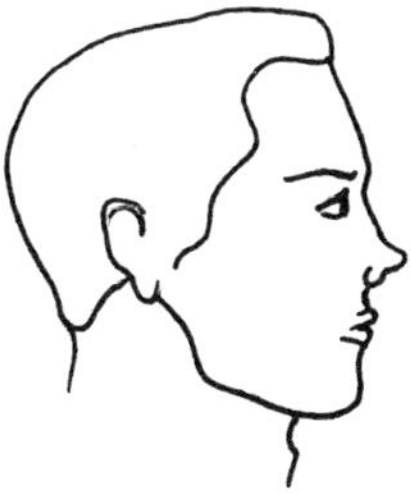

Der nach oben gebogene Nasenrücken

(Stupsnase)

Der Mensch hat das Bedürfnis, mit anderen zusammenzuarbeiten, etwas zu einem großen Projekt beizutragen. Am wohlsten fühlt er sich, wenn er anderen dabei helfen kann.

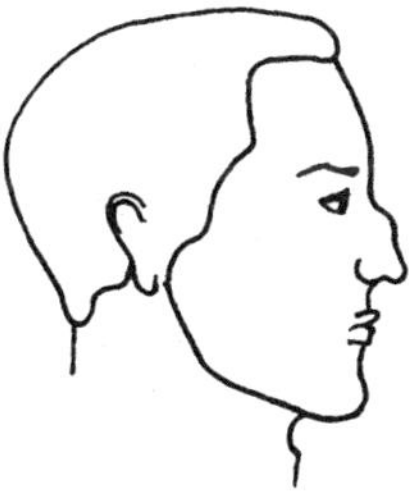

Der nach unten gebogene Nasenrücken

(Adlernase)

Der Mensch sieht mehr auf den eigenen Vorteil und hat vor allem das Bedürfnis, von anderen anerkannt zu werden.

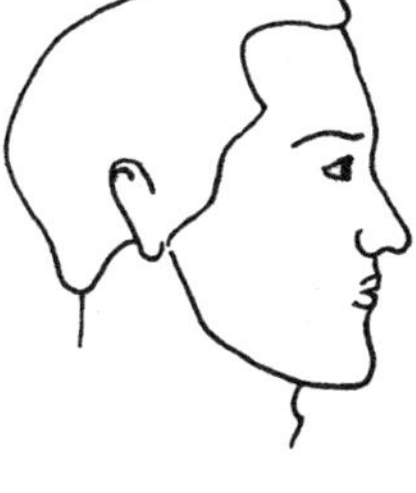

Der gerade Nasenrücken

Dies ist die ausgewogene Form. Der Mensch kann, je nach Situation, mit anderen zusammen wirken oder allein arbeiten.

Der Nasensteg

Der Nasensteg liegt zwischen den beiden Nasenlöchern und kann, meist entsprechend der Form des Nasenrückens, einen Winkel nach oben oder unten bilden. Er sagt etwas darüber aus, ob wir die Nase „hochtragen" oder „hängenlassen".

Der nach oben verlaufende Nasensteg

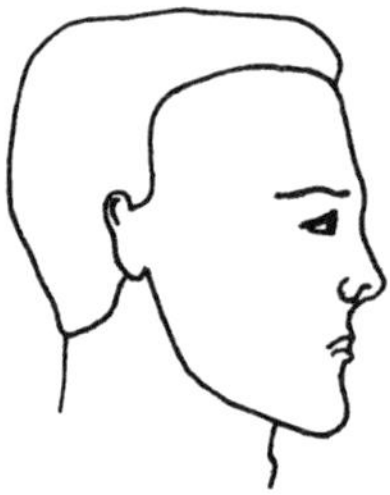

Der Mensch handelt spontan und leichtgläubig. Vertrauen gewährt er nach Sympathie oder Antipathie, ohne jedoch diese Gefühle zu hinterfragen. Dadurch wirkt sein Verhalten unzuverlässig und undiszipliniert. Der sprachliche Ausdruck ist wortgewandt bis frech.

Der nach unten verlaufende Nasensteg

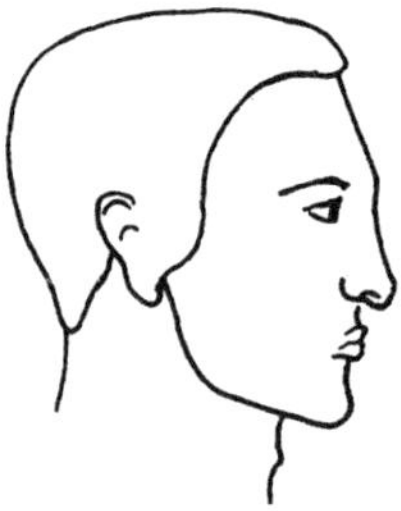

Der Mensch überdenkt und prüft eine Situation und zeigt erst danach Vertrauen. Dadurch wirkt sein Verhalten zunächst zögerlich, dann aber ist er sehr zuverlässig. Er neigt dazu, Menschen, die sich spontan verhalten, zu verurteilen.

Der gerade (horizontal) verlaufende Nasensteg

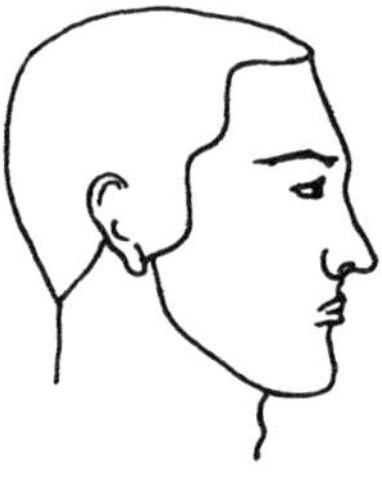

Dies ist die ausgewogene Form. Der Mensch handelt entweder spontan oder, wenn es der Situation angemessen ist, nach gründlichem Nachdenken und Überprüfen. Sprachlich äußert er sich entsprechend der Situation und dem Umfeld.

Die Nasenflügel

Die Form der Nasenflügel bestimmt die Breite des unteren Nasenteils und wieviel von den Nasenlöchern zu sehen ist.

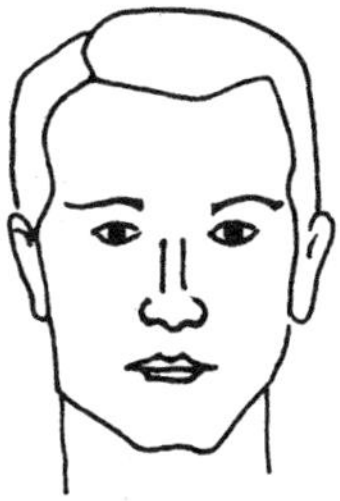

Die deutlich ausgeprägten Nasenflügel

Hier besteht die frühkindliche Form der Nasenflügel und -löcher. Entsprechend ist der Mensch selbstbezogen und verhält sich nur gemäß seinen eigenen Bedürfnissen. Wie ein Kind erwartet er von anderen, dass sie dieses Verhalten bejahen.

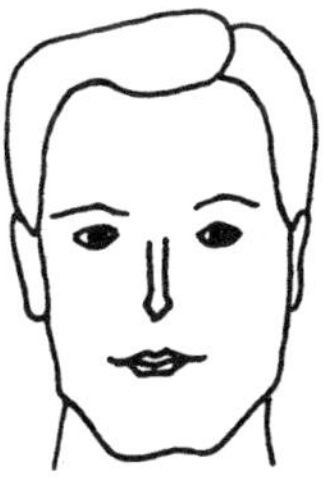

Die schmalen Nasenflügel

Der Mensch ist nur auf andere bezogen und verhält sich ihren Bedürfnissen und ihrer Wertschätzung entsprechend. Die Zustimmung von anderen Menschen ist für ihn das Wichtigste. Da mit schmalen Nasenlöchern weniger Sauerstoff aufgenommen werden kann, besteht oft verminderte Vitalität.

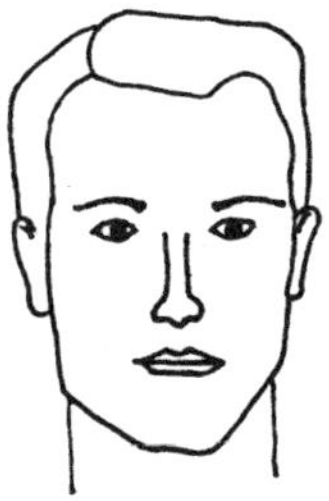

Die leicht ausgeprägten Nasenflügel

Dies ist die ausgewogene Form. Der Mensch achtet auf die Bedürfnisse der anderen, ohne seine eigenen zu verleugnen. Daher verhält er sich, der Situation entsprechend, entweder selbstbezogen oder auf andere Menschen achtend.

Die Nasenrinne

Die Nasenrinne verläuft genau in der Mitte vom Nasensteg zur Oberlippe.

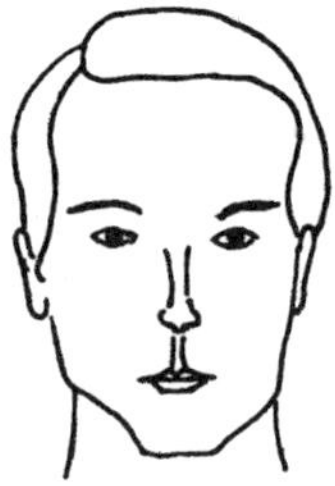

Die lange Nasenrinne

Diese kennzeichnet eine ausgeprägte Fähigkeit, Geschehnisse sachlich zu betrachten und nicht auf sich selbst bezogen zu sehen. Eine solche Form ist selten.

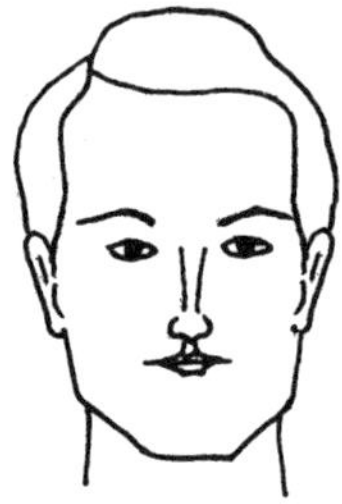

Die kurze Nasenrinne

Alle Ereignisse werden nur selbstbezogen erlebt. Eine sachliche Betrachtung ist nicht möglich.

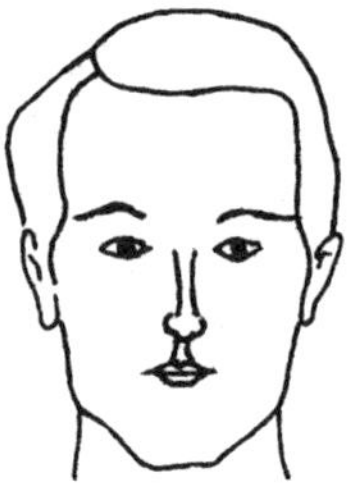

Die mittelgroße Nasenrinne

Geschehnisse werden, der Situation entsprechend, sachlich oder selbstbezogen betrachtet. Dies ist die ausgewogene Form.

Die Naso-Labialfalte

Auch um die Nase herum entstehen im Laufe der Zeit Falten. Sie sind immer Ausdruck einer nachlassenden Lebenskraft. Die ausgewogene Form ist also stets das Fehlen einer

Gesichtsfalte! Am häufigsten findet sich die Naso-Labialfalte, welche von der Nase zur Oberlippe verläuft.

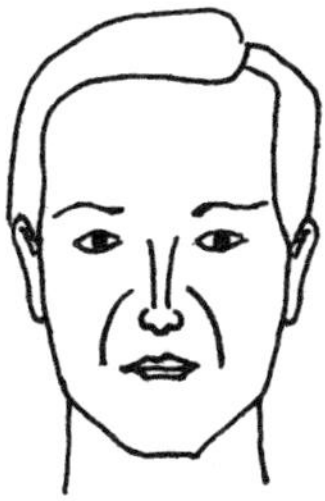

Die tief eingekerbte Naso-Labialfalte

Der Mensch hat eine besorgte Gemütshaltung und die Neigung, viel Kummer anzusammeln. Sorgen, Ängste und Meinungen werden „hinuntergeschluckt“. Zuweilen kommt es dann zu einem heftigen, verbalen Ausbruch, bei dem lange aufgestaute, seelische Verletzungen unkontrolliert geäußert werden. Es existieren häufig Leiden des Verdauungstraktes.

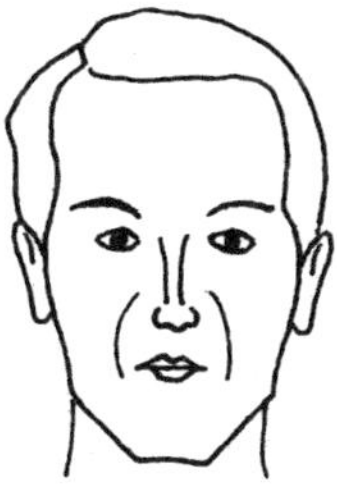

Die leicht eingekerbte Naso-Labialfalte

Sorgen und Ängste belasten den Menschen nur mäßig. Zwar neigt er dazu, seine Meinung „herunterzuschlucken“, aber es gelingt ihm immer wieder, sich offen über das zu äußern, was ihn belastet. Es liegt eine beginnende Schwäche des Verdauungstraktes vor.

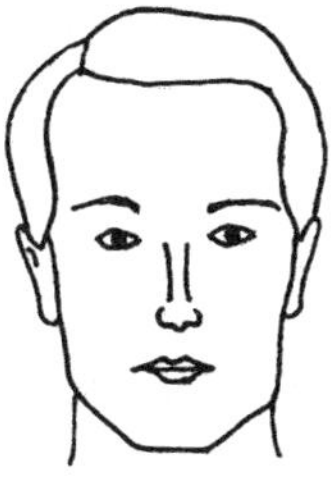

Die fehlende Naso-Labialfalte

Sorgen und Ängste bestehen für diesen Menschen nur vorübergehend und werden dann wieder losgelassen. Freimütig wird über das gesprochen, was belastet oder Sorge bereitet. Der Körper verfügt über eine gesunde Verdauung.

Die Nasenwurzel

Die Nasenwurzel ist der Bereich zwischen Stirn, Nase und Augenbrauen.

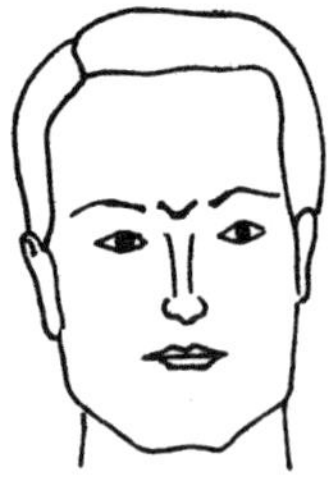

Die tiefe Nasenwurzelgrube

Sie zeigt eine Neigung zu Schwermut und Grübelei. Seelische Schmerzen werden nur schwer verarbeitet.

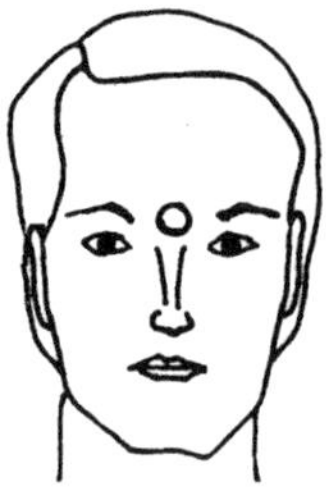

Die gefüllte Nasenwurzelgrube

Diese weist auf ein gesundes Seelenleben und die Fähigkeit hin, seelische Schmerzen zu verarbeiten.

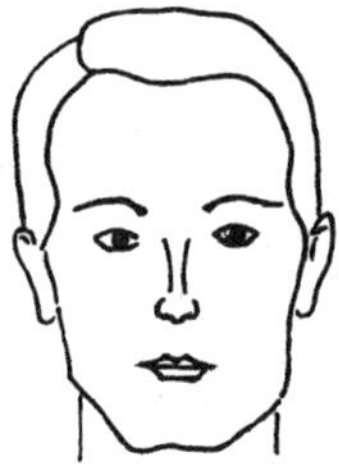

Die ausgewogen gefüllte Nasenwurzelgrube

Der Mensch leidet an seelischen Schmerzen, ist aber nach einer Weile in der Lage, diese zu verarbeiten.

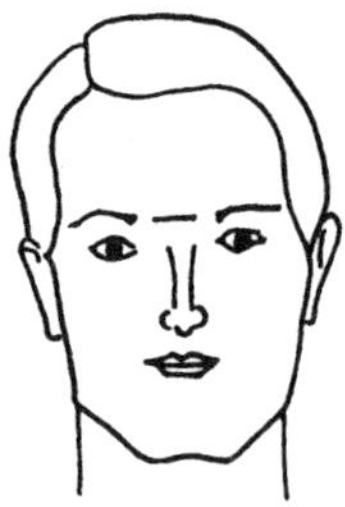

Die Nasenwurzel mit Querfalte

Es besteht eine langanhaltende Schwäche, wahrscheinlich ausgelöst durch ein Schilddrüsenleiden.

Der Abstand zwischen Nase und Oberlippe

Bewertet wird die Länge dieser Fläche. Die Bedeutung ist ähnlich derjenigen der Nasenrinne. Bei einem kurzen Abstand zwischen Nase und Oberlippe ist auch nur eine kurze Nasenrinne möglich.

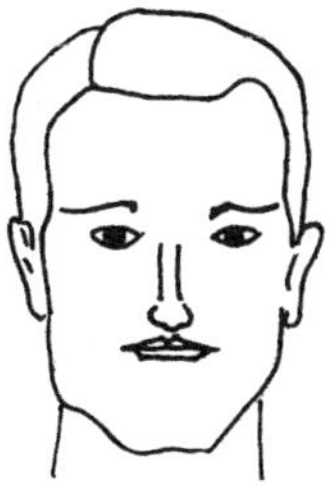

Sehr kurzer Abstand zwischen Nase und Oberlippe

Der Mensch nimmt alle Dinge persönlich und ist dadurch seelisch leicht zu verletzen. Die objektive Betrachtung einer Angelegenheit ist unmöglich.

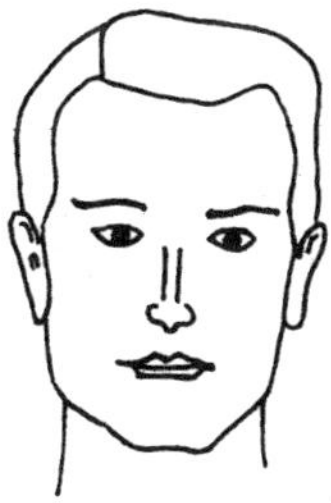

Sehr langer Abstand zwischen Nase und Oberlippe

Ein unparteiischer, objektiv betrachtender und erlebender Mensch. Er sucht stets nach den Ursachen eines ungewöhnlichen Verhaltens seiner Mitmenschen, ohne dies als persönlich kränkend zu sehen. Anderen begegnet er unvoreingenommen, auch wenn sie ihn bereits zu verletzen versuchten.

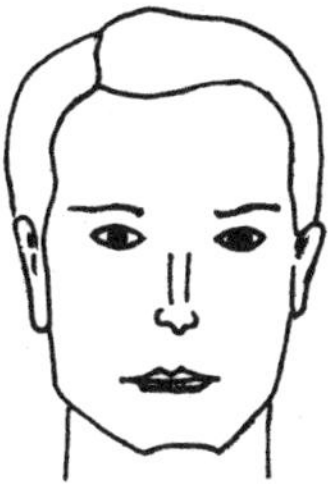

Abstand zwischen Nase und Oberlippe von mittlerer Länge

Dies ist die ausgewogene Form. Der Mensch erlebt persönlich gemeinte Kränkungen durchaus als verletzend, kann aber auch eine Situation, die ihn verletzt, objektiv betrachten.

Der Mund

Der Mund befindet sich im unteren Drittel des Gesichts. Diese Körperöffnung ist entscheidend für die Nahrungsaufnahme, aber auch für eine so wesentliche menschliche Kommunikationsform wie die Sprache. Im Notfall kann der Mensch auch über den Mund atmen.

Der Mund wird von den Lippen umschlossen. Auf Zunge und Lippen befinden sich viele Sinnesnerven, was mit ein Grund dafür sein dürfte, dass die Lippen über die Jahrhunderte hinweg bis heute eine erotische Bedeutung haben. Deshalb wird die natürliche Farbe der Lippen zumindest von Frauen häufig durch Kosmetika überdeckt.

Wenn die Form der Lippen auch grundsätzlich im Laufe eines Lebens die gleiche bleibt, so verändert sich ihr Zustand doch nach Lebensalter und körperlichem Zustand. So wird es nicht verwundern, dass auch aus Farbe und Dicke der Lippen viel über den Gesundheitszustand eines Menschen abgelesen werden kann. Da Form und Farbe der Lippen sich wandeln, lohnt es sich, diese immer wieder einmal unbefangen zu betrachten.

Säuglinge und kleine Kinder, die noch viel saugen, haben aufgeworfene Lippen. In der Pubertät nehmen die Lippen dann die individuelle Form an. In früheren Jahrhunderten wurden die Lippen im Alter, bedingt durch Zahnverlust, schmal und fielen ein. Zwar wird dies heute durch Zahnersatz vermieden, doch es entspricht der Entwicklung des Menschen, wenn die Lippen im Alter schmaler werden. Allerdings sollte der Mund dadurch nichts an Ausdruckskraft einbüßen.

Die gesunde Farbe der Lippen ist ein mehr oder weniger intensives Rosa. Sind die Lippen blaß, kann es sich um einen vorübergehenden Zustand durch Erschrecken handeln, um Blutarmut oder ein Magenleiden. Blasse, zusammengepreßte Lippen deuten auf körperliche oder auch seelische Schmerzen. Tiefrote Lippen sind ein Hinweis auf hormonelle Erkrankungen, blaue Lippen weisen auf Sauerstoffmangel oder Unterkühlung hin. Bei der physiognomischen Bewertung der Lippen werden Ober- und Unterlippe getrennt betrachtet. Bei beiden Lippen geht es aber immer um Kommunikation mit anderen Menschen.

Die Oberlippe

Die Oberlippe verrät etwas über die Art, wie der Mensch sich mit Worten ausdrückt.

Die schmale Oberlippe

Der Mensch spricht nicht gern. Wenn er sich äußert, dann kurz und treffend. Lieber zeigt er sein Interesse ohne Worte. Auf welche Weise dies geschieht, verraten die übrigen Merkmale des Gesichts.

Die volle Oberlippe

Der Mensch spricht gern und viel. Er zeigt sein Interesse durch ausführliches Reden.

Die ausgewogene Oberlippe

Der Mensch drückt sein Interesse der Situation angemessen mit wenigen oder vielen Worten aus.

Die Unterlippe

Über die Unterlippe erfahren wir etwas über den bevorzugten körperlichen Ausdruck einer Person.

Die schmale Unterlippe

Der Mensch kann seine Gefühle und seine Anteilnahme nicht körperlich ausdrücken. In Kombination mit einer vollen Oberlippe ist der sprachliche Ausdruck vorherrschend.

Die volle Unterlippe

Der Mensch drückt seine Gefühle bevorzugt mit dem Körper aus. Dies ist vor allem dann der Fall, wenn die volle Unterlippe in Kombination mit einer schmalen Oberlippe auftritt.

Das Verhältnis von Ober- zu Unterlippe

Hier wird die Kombination beider Aussagen vorgestellt. Nachfolgend werden nur die zwei wichtigsten Möglichkeiten aufgeführt.

Schmale Ober- und Unterlippe

Der Mensch kann seine Gefühle und seine Anteilnahme weder körperlich noch mit Worten ausdrücken. Daher sind Beziehungen zu anderen Menschen sehr eingeschränkt.

Volle und ausgewogene Ober- und Unterlippe

Dem Menschen steht sowohl die sprachliche als auch die körperliche Ausdruckskraft zur Verfügung. Dadurch hat er reiche und vielfältige Beziehungen zu anderen Menschen.

Die Größe des Mundes

Die Größe des Mundes wird im Verhältnis zum gesamten Gesicht bewertet.

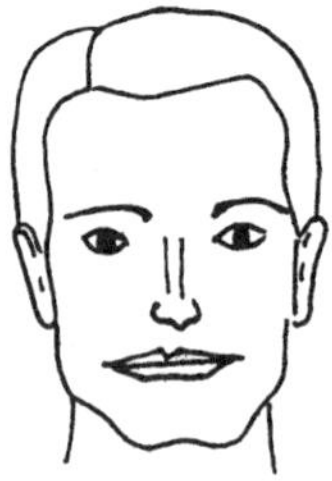

Der große Mund

Er deutet auf eine ausdrucksstarke, meist auch willensstarke Person hin.

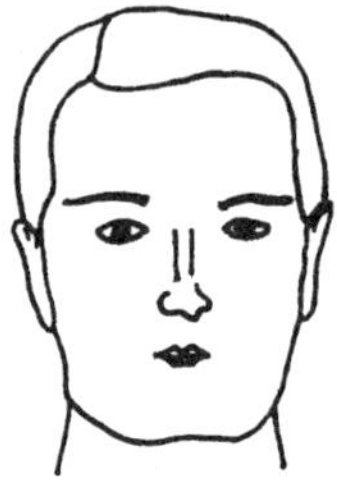

Der kleine Mund

Der Mensch hat ein kindliches Gemüt, ist naiv. Tritt der kleine Mund in Kombination mit aufgeworfenen Lippen auf, handelt es sich um eine unreife Persönlichkeit. Ein kleiner Mund mit schmalen Lippen zeigt eine Person, die sehr selbstbezogen ist.

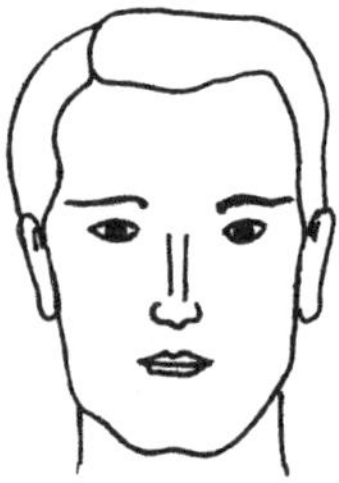

Der ausgewogene Mund

Eine reife Persönlichkeit mit der nötigen Ausdruckskraft verfügt über einen ausgewogen großen Mund.

Das Verhältnis der Lippen zur Stirnmitte

Vom Profil aus betrachtet wird beurteilt, in welchem Verhältnis die Lippen zur Stirnmitte liegen.

Die Lippen hinter der Stirnmitte

Der Mensch überlegt, bevor er sich verbal äußert. Dadurch kann seine Reaktion verlangsamt wirken.

Die Lippen vor der Stirnmitte

Der Mensch äußert sich sprachlich direkt und impulsiv, wodurch seine Äußerungen eher unüberlegt sind.

Die Lippen in einer Linie mit der Stirnmitte

Dies ist die ausgewogene Form. Der Mensch kann sich sowohl impulsiv als auch überlegt sprachlich äußern.

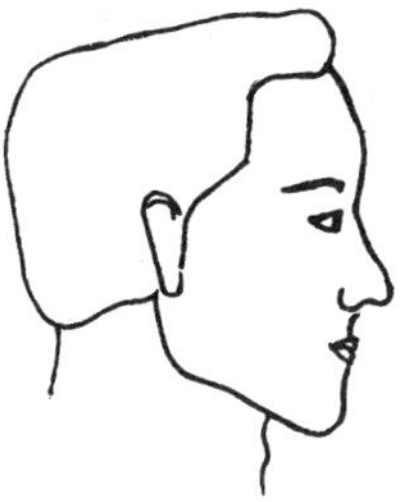

Die Neigung des Mundwinkels

Der Mundwinkel kann nur in entspannter Haltung des Mundes bewertet werden, das heißt ohne Lächeln und unabhängig vom Sprechen. Dabei wird betrachtet, ob sich die Mundwinkel nach oben oder unten neigen.

Die nach unten geneigten Mundwinkel

Sie zeigen die pessimistische Grundeinstellung eines Menschen.

Die nach oben geneigten Mundwinkel

Hier verfügt ein Mensch über eine optimistische Grundeinstellung.

Die geraden Mundwinkel

Der Mensch ist, entsprechend der jeweiligen Situation, pessimistisch oder optimistisch.

Falten am Mund

Viele senkrechte Falten über der Oberlippe

Sie deuten auf das Ende der fruchtbaren Lebensphase. Naturgemäß finden sich diese Falten bei Frauen früher als bei Männern.

Eine waagrechte Falte über der Oberlippe

Es besteht eine Hormonstörung, die auch vorübergehend sein kann.

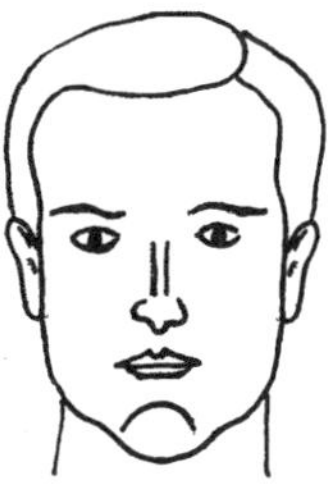

Falte zwischen Unterlippe und Kinn

Es handelt sich um eine meist halbmondförmige Einkerbung etwa in der Mitte der Strecke zwischen Unterlippe und Kinn. Menschen mit dieser Falte haben häufig Wirbelsäulenleiden. Da die Nerven seitlich der Wirbelsäule austreten, sind diese Menschen insgesamt körperlich und seelisch sehr empfindsam.

Das Kinn

Das Kinn verrät etwas über die Durchsetzungskraft. Meist – aber nicht immer – tritt ein kräftiges Kinn zusammen mit einem breiten Kiefer auf und ein rundes oder eher spitzes Kinn mit einem schmalen Kiefer. Will sich ein Mensch durchsetzen, reckt er sein Kinn vor – unabhängig davon, ob es von Natur aus mehr oder weniger ausgeprägt ist.

Fühlt sich die Region zwischen Kinn und Unterlippe plötzlich taub an, sollte ein Arzt aufgesucht werden. Dahinter verbergen sich oft akute Probleme der Koronararterien des Herzens.

Das deutlich vorspringende Kinn

Es weist auf ausgeprägte Durchsetzungskraft hin.

Das zurückweichende, „fliehende" Kinn

Ein „fliehendes" Kinn steht für wenig Durchsetzungskraft.

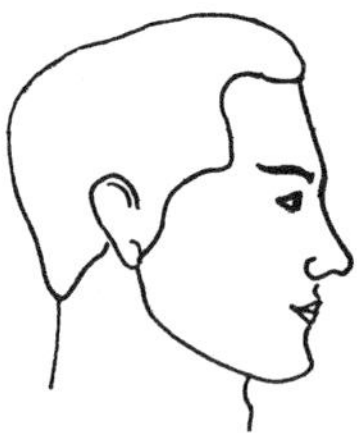

Das mäßig vorspringende Kinn

Dies ist die ausgewogene Form. Der Mensch hat genügend Durchsetzungskraft, kann sich aber auch zurücknehmen, wenn es der Situation entspricht.

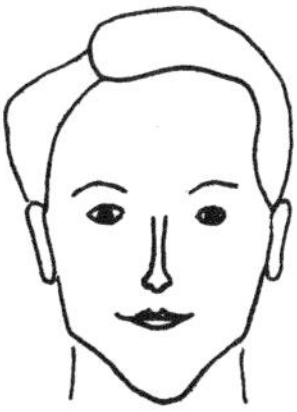

Das schmale Kinn

Ein schmales Kinn hat ein Mensch, der eher zurückhaltend und überlegt handelt.

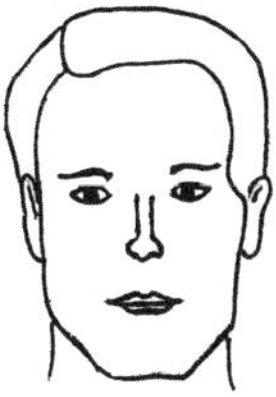

Das breite Kinn

Das breite Kinn weist auf einen Menschen hin, der unmittelbar und ohne Zögern seinen Willen in Handlungen umsetzt.

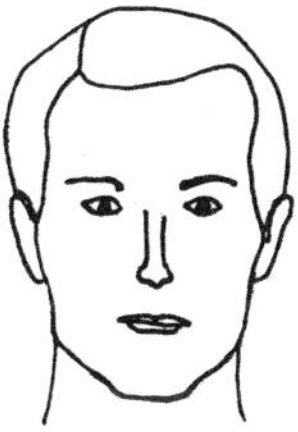

Das ausgewogen ausgeprägte Kinn

Der Mensch handelt unmittelbar oder bleibt zurückhaltend, wie es die jeweilige Situation erfordert.

Das runde Kinn

Ein Mensch mit rundem Kinn wird seinen Willen auf eine eher harmonische Weise durchsetzen.

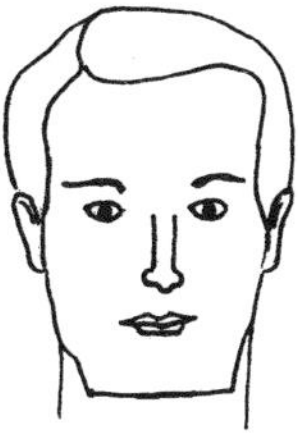

Das eckige Kinn

Der Mensch mit dieser Ausprägung wird seinen Willen auf sehr bestimmte Art durchsetzen, je eckiger das Kinn, desto rücksichtsloser erfolgt dies.

Kinnfalten*

Die senkrechte Falte auf dem Kinn

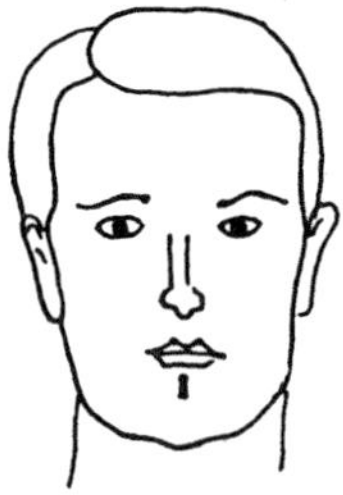

Diese Falte kann fast wie ein Spalt wirken. Der Mensch erreicht selten seine Ziele, da er in seinem Willen stets zwischen zwei Möglichkeiten hin- und hergerissen ist.

Eine runde Vertiefung auf dem Kinn

Dieses Grübchen verrät, dass der Mensch über eine ausgeprägte Selbstdisziplin verfügt.

* Siehe auch S. 90, „Falte zwischen Unterlippe und Kinn“

Die Ohren

In den Ohren finden sich zwei wichtige Sinnesorgane: der Hör- und der Gleichgewichtssinn. Eine Störung eines dieser beiden Sinne hat außerordentlich schwerwiegende Folgen. Ohne Gleichgewichtssinn ist keine Bewegung möglich, und der fehlende oder nachlassende Hörsinn hat eine seelisch weit belastendere Wirkung als etwa Blindheit. Misstrauen und ein Gefühl des Ausgeschlossenseins sind für hörgeschädigte Menschen nur schwer zu überwindende Erfahrungen.

Auch die Betrachtung des Ohrs ist in der Naturheilkunde ein wichtiger Bestandteil der Diagnose, wobei kleinste Veränderungen beachtet werden. Besonders der mittlere Teil des Ohrs liefert viele Hinweise auf Drüsentätigkeit und Stoffwechsel. Es gibt einen Bereich der TCM (klassischen chinesischen Medizin), der den gesamten Beschwerdenbereich über das Ohr behandelt: die Ohrakupunktur. Denn das Ohr spiegelt den gesamten menschlichen Organismus wider.

Auch in der physiognomischen Bewertung des Ohrs spielen daher viele verschiedene Aspekte des Menschen eine Rolle. Die Form des Ohrs verrät wirklich so viel über den Menschen wie sonst kaum ein Organ des Kopfes. Das Erkennen und Bewerten erfordert allerdings einige Übung.

Die Lage der Ohren

Die normale Lage des Ohrs ist ziemlich genau auf Höhe der Nase, und zwar beginnend bei der Nasenwurzel bis zum

Übergang zur Oberlippe. Die genaue Lage kann aber erst nach der Geschlechtsreife bewertet werden, da Wachstumsprozesse des Kindes hier höchstens einen vorübergehenden Zustand anzeigen.

Das hoch angesetzte Ohr

Dem Menschen fällt es in irgendeinem Bereich schwer, sich mit seinem irdischen Dasein und der Realität auseinanderzusetzen. Dabei kann es sich ebenso um eine Neigung zum theoretischen, unpraktischen Denken handeln wie um eine Schwere in den Gliedmaßen, welche die nötige Bewegung verhindert.

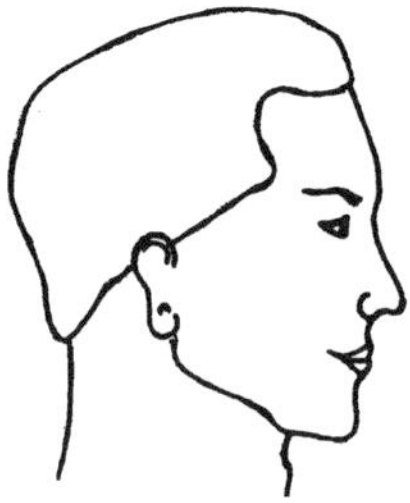

Das tief angesetzte Ohr

Der Mensch lebt völlig in der irdischen Realität und neigt zum materialistischen Denken. Er kann gut „zupacken“.

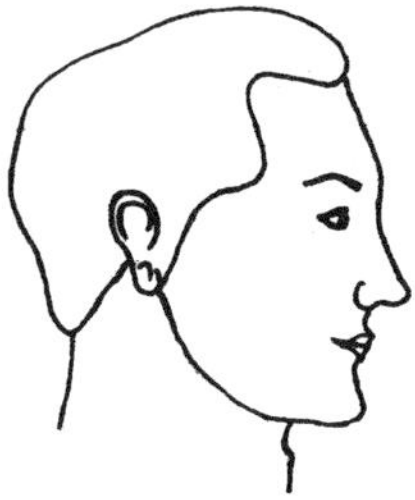

Das normal angesetzte Ohr

Hier verfügt der Mensch über die Fähigkeit, sich mit der irdischen Realität auseinanderzusetzen, ist aber auch offen für alles, was eine geistig-seelische Dimension hat.

Die Größe der Ohren

Die Größe der Ohren wird im Verhältnis zum Kopf bewertet.

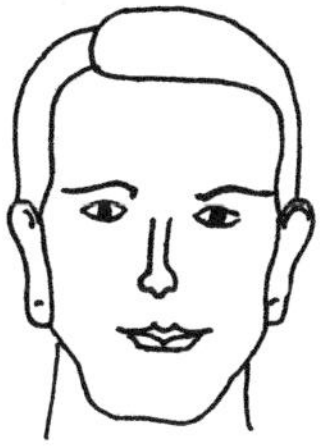

Große Ohren

Große Ohren zeigen gute Erbanlagen und eine robuste, widerstandsfähige Konstitution.

Kleine Ohren

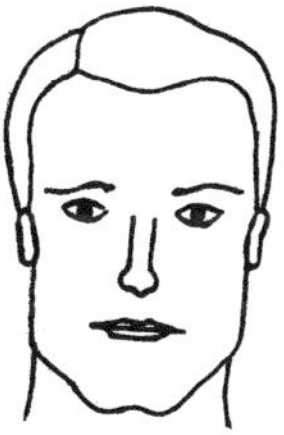

Kleine Ohren verraten eine weniger günstige, erbliche Anlage und eine anfällige Konstitution. Menschen mit solchen Ohren sind gut beraten, wenn sie häufig Pausen bei der Arbeit einlegen und auf eine gesunde Lebensführung achten.

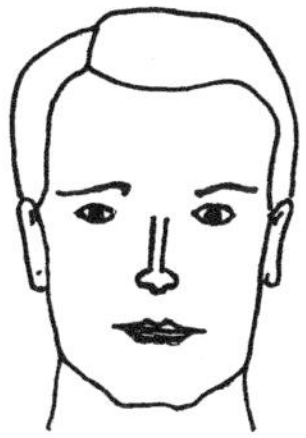

Normal große Ohren

Diese sprechen für eine durchschnittlich starke Gesundheit und Konstitution.

Die räumliche Ausrichtung der Ohren

Hier sind abstehende, eng oder normal anliegende Ohren gemeint. Meist fallen dem ungeübten Betrachter nur die mehr oder weniger abstehenden Ohren auf.

Abstehende Ohren

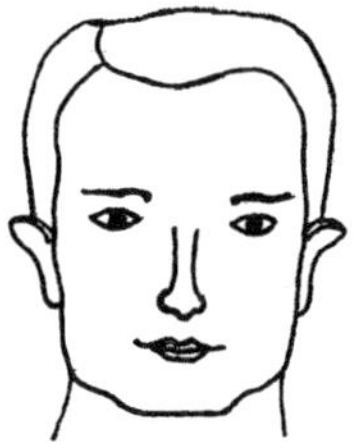

Abstehende Ohren zeigen die Schwierigkeit an, den Körper mit seiner Willenskraft zu durchdringen und zu gestalten. Deshalb haben viele Kinder vorübergehend abstehende Ohren. Bleiben diese aber lange Zeit oder sogar im Erwachsenenalter bestehen, wird der Mensch von seinen körperlichen Zuständen sozusagen überwältigt. Dies ist um so ausgeprägter, je abstehender die Ohren sind.

Eng anliegende Ohren

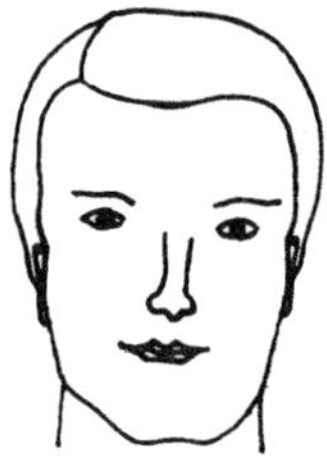

Dieses Merkmal ist nicht so häufig. Menschen mit eng anliegenden Ohren werden ihren Körper mit Willenskraft voll und ganz beherrschen. Auch bei Schwäche oder mit Schmerzen verlangen sie sich noch Höchstleistungen ab.

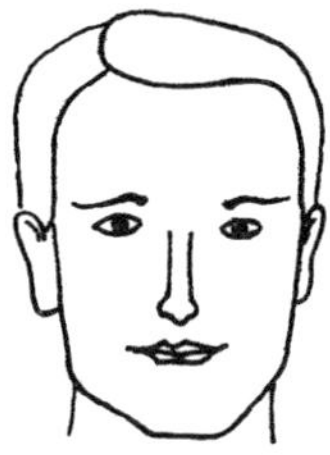

Normal anliegende Ohren

Bei der ausgewogenen Form kann der Mensch, je nach Situation, den Bedürfnissen des Körpers Rechnung tragen oder diese überwinden.

Der obere äußere Ohrrand

Der obere Ohrrand verrät etwas über die Auffassungsgabe und die damit verbundene Lernfähigkeit.

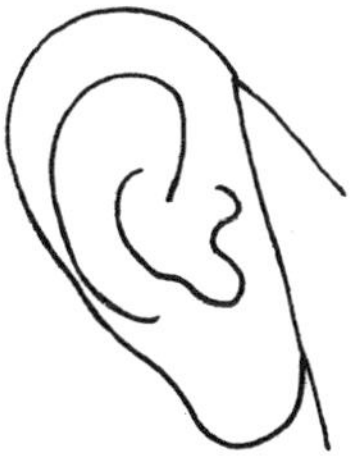

Oberer äußerer Ohrrand weich und breit

Der Mensch besitzt eine langsame Auffassungsgabe und eine verlangsamte Reaktionsfähigkeit.

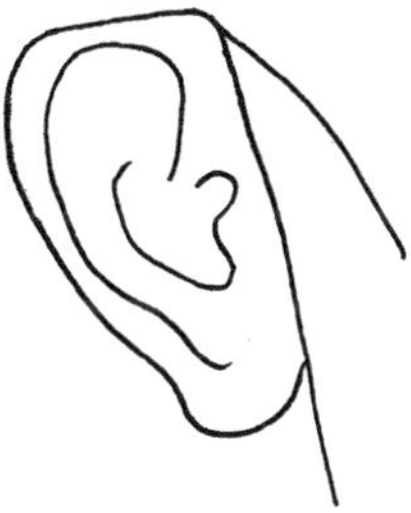

Oberer äußerer Ohrrand abgeflacht

Dies deutet auf eine eingeschränkte Lernfähigkeit hin, die im Verhältnis zum Grad der Abflachung steht. Es existiert eine Neigung zu Gemütskrankheiten.

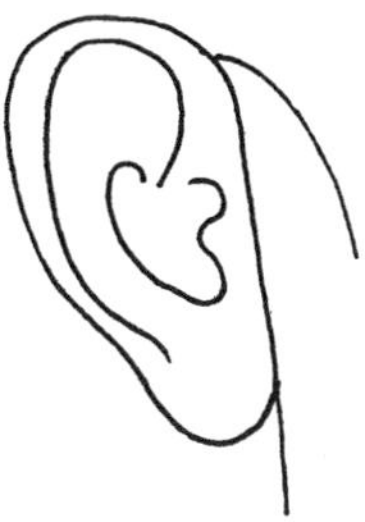

Oberer äußerer Ohrrand gut gerundet

Eine solche Form spricht für eine gute Auffassungsgabe und hohe Lernfähigkeit.

Der obere innere Ohrrand

Dies ist der Teil des oberen Ohrrandes, der sich an die Wangenknochen anschließt. Er verrät etwas über die Fähigkeit eines Menschen, sich mit Worten ausdrücken zu können.

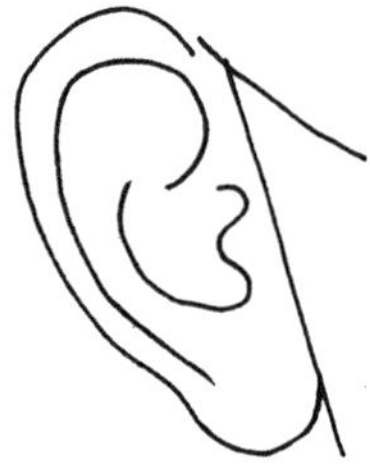

Besonders ausgeprägte Rundung des oberen inneren Ohrrandes

Der Mensch hat ein starkes Bedürfnis, sich sprachlich auszudrücken.

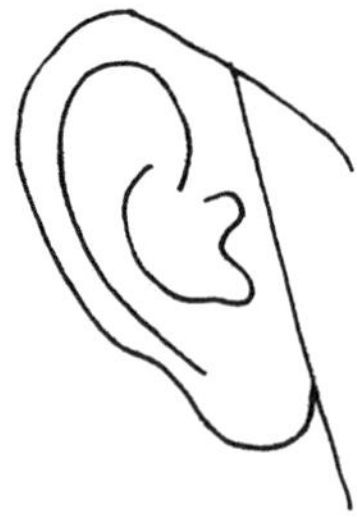

Harmonisch ausgeprägte Rundung des oberen inneren Ohrrandes

Dies ist die ausgewogene Form. Der Mensch kann seine Gedanken gut in Worte kleiden, ohne den Drang, sich immerzu verbal mitteilen zu müssen.

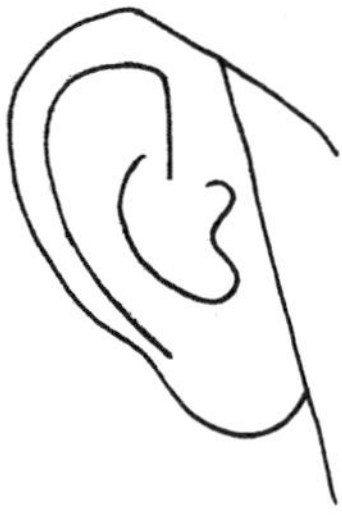

Abgeflachte Form des oberen inneren Ohrrandes

Hier besteht eine verminderte Fähigkeit, Gedanken sprachlich umzusetzen.

Das Ohrläppchen

Das Ohrläppchen ist der am besten sichtbare Teil des Ohrs. In fast jeder Kultur wird das Ohrläppchen mit Schmuckstücken verziert. Meist wird es dazu durchstochen, um den Ohrschmuck befestigen zu können. Das Ohrläppchen und seine oft sehr individuelle Form kann viel über einen Menschen aussagen.

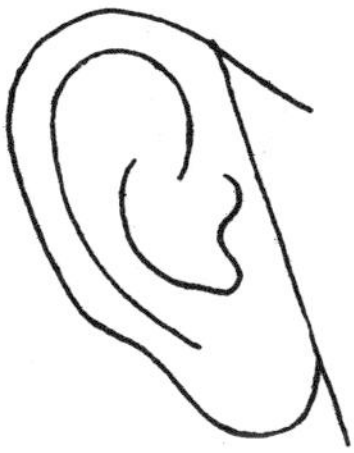

Harmonisch gerundete Ohrläppchen

Es weist auf gute Erbanlagen hin, die ein widerstandsfähiger, belastbarer Mensch mit großer Eigenheilungskraft besitzt.

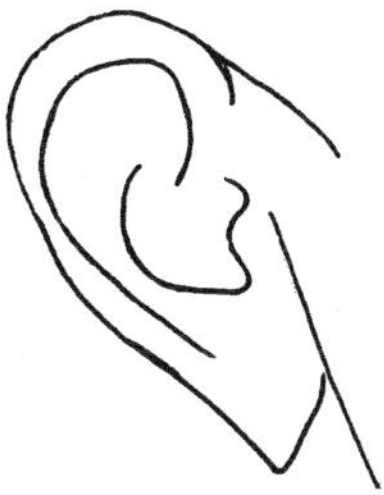

Spitz zulaufende Ohrläppchen

Hier existiert starkes Interesse an Sexualität. In der negativen Ausformung wird diesem Interesse die gesamte Lebensführung untergeordnet, im positiven Fall besteht starke Potenz und erhöhte Fruchtbarkeit.

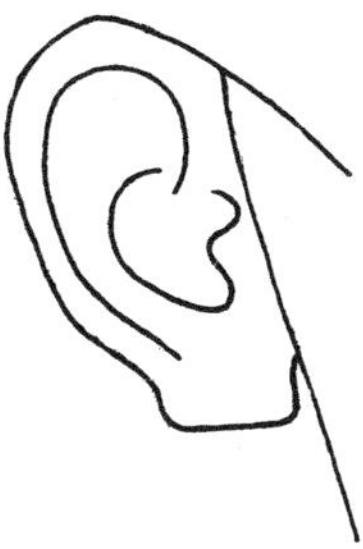

Rechteckige Ohrläppchen

Diese Form tritt bei einem willensstarken, außerordentlich belastbaren Menschen (meistens Feuermenschen) auf.

Angewachsenes Ohrläppchen

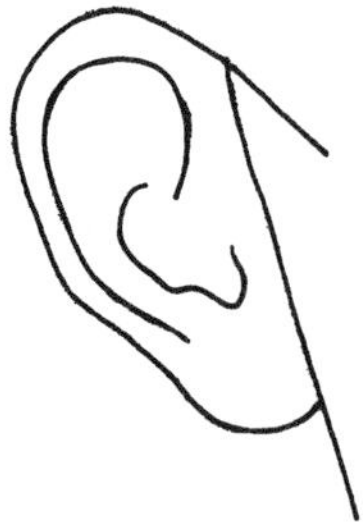

Ein körperlich wenig belastbarer Mensch, meist mit Kreislaufbeschwerden, der oft willensschwach wirkt, weil die Kraft zum Durchhalten fehlt.

Verkümmertes oder fehlendes Ohrläppchen

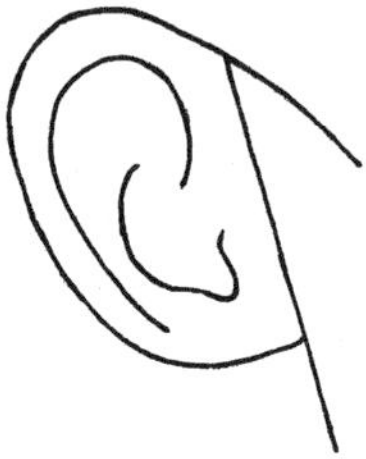

Es deutet auf einen insgesamt schwachen Menschen mit wenig körperlicher Kraft hin.

Ohrfalten

Falten können sich im Ohrläppchen oder vor dem Ohr befinden.

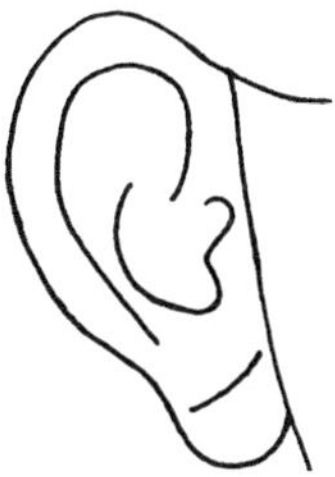

Kerbe im Ohrläppchen

Sie steht für Herzkrankheiten und die Veranlagung zu Diabetes.

Senkrechte Falten vor dem Ohr

Solche Falten bezeugen nachlassende Potenz und Antriebskraft.

Der Hals

Der Hals ist das Bindeglied zwischen Körper und Kopf. Er ermöglicht letzterem Drehungen und Bewegung nach fast allen Seiten. Auf verhältnismäßig geringer Fläche findet sich hier eine Vielzahl wichtigster Organe: an der Vorderseite des Halses die Luft- und die Speiseröhre sowie viele Blutgefäße, die für die Versorgung des Gehirns und des Gesichts wichtig sind, weiterhin die Schilddrüse und die Nebenschilddrüsen. Auf der Rückseite treten aus der Halswirbelsäule Nerven aus, welche den gesamten Körper beeinflussen. Deshalb kann ein Schaden an dieser Stelle überall im Körper Auswirkungen haben. Verletzungen am Hals zeitigen meist schwerwiegende bis lebensbedrohliche Folgen. Nicht umsonst gibt es den Ausdruck: „Das hat ihm den Hals gebrochen“, wenn es einem Menschen sehr schlecht geht.

An der Elastizität der Haut und des Gewebes lässt sich erkennen, wie alt ein Mensch wirklich ist, wobei das Alter hier als biologischer Zustand und nicht als Anzahl von Jahren gesehen werden muss. So können verhältnismäßig betagte Menschen durchaus ein noch straffes Halsgewebe haben. Verdickt sich der Hals auf der Vorderseite, kann dies auf ein Schilddrüsenleiden hinweisen. Viele blaue, sichtbare Venen weisen auf einen gestörten Zu- und Abfluß der Blutgefäße hin. Am Rücken gibt es häufig, vor allem bei Frauen, direkt unterhalb des Halses eine kleine Verdickung, die dann auf eine Belastung der oberen Brust- bzw. Halswirbelsäule mit den entsprechenden Auswirkungen hinweist.

Der Hals zeigt neben dem biologischen Alter des Menschen auch seine Fähigkeit, eine Angelegenheit vielseitig wahrzunehmen.

Ein kräftiger, kurzer Hals

(Stiernacken)

Ein Mensch mit eher einseitiger Wahrnehmung, der deshalb schnell handelt und entschlossen wirkt.

Ein langer, schlanker Hals

(Schwanenhals)

Ein Mensch, der eine Angelegenheit von allen Seiten wahrnimmt und daher schwer zu einer Entscheidung kommt.

Der normal lange Hals

Dies ist die ausgewogene Form. Ein Mensch mit dieser Halsform kann eine Angelegenheit zwar von mehreren Gesichtspunkten aus betrachten, muss aber nicht so viele Aspekte integrieren, dass er in seiner Handlungsfähigkeit eingeschränkt wird.

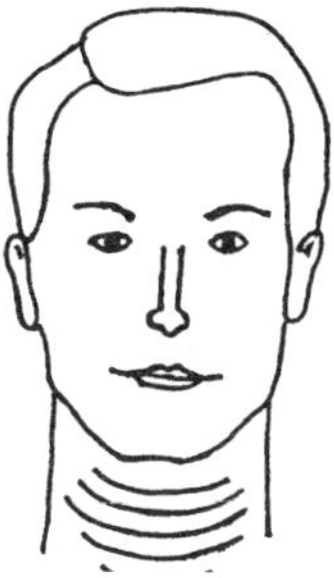

Falten am Hals

Eine faltige Haut am Hals deutet auf das Nachlassen der Hormontätigkeit (nicht nur der Geschlechtshormone) und ist daher ein Zeichen des Alterungsprozesses. Dies kann auch vorübergehend, etwa bei Krankheit, auftreten.

Die Gestalt

Eine Persönlichkeitsanalyse des Menschen auf der Grundlage der körperlichen Merkmale muss unvollständig bleiben, wenn ausschließlich der Kopf bewertet wird. Zwar lässt sich an Gesicht und Kopfform sehr viel erkennen, aber dies wird sinnvoll ergänzt, wenn die Gestalt insgesamt mit einbezogen wird.

Ist der Typ des Menschen (siehe Kapitel „Menschentypen") einmal bestimmt, können die nachfolgend aufgeführten Einzelheiten in die Analyse eingeordnet werden.

Das Verhältnis Rumpf zu Beinen

Hier werden deutliche Asymmetrien beachtet; die gedachte Mittellinie liegt etwa in Höhe der Taille.

Der Rumpf erscheint länger als die Beine

Dem Menschen fehlt die stabile Grundlage für seine Gedanken und Gefühle. Durch die unteren Gliedmaßen entsteht die Verbindung zur Umwelt. Je länger der Rumpf, um so nachteiliger wird sich die fehlende Erdung auswirken. Im Extremfall wird ein Mensch mit überlan-

gem Torso auf kurzen Beinen den Kontakt zu seinen Mitmenschen kaum herstellen können und nur seine eigenen Gedanken und Gefühle wahrnehmen.

Langes Sitzen ist einem solchen Menschen unbehaglich. Er fühlt sich wohler, wenn er sich bewegen kann und bleibt dann auch leistungsfähiger.

Die Beine erscheinen länger als der Rumpf

Dem Menschen fehlt eine ausreichende Ausdrucksmöglichkeit für seine Gedanken und Gefühle. Durch die starke Erdung entsteht eine Empfindung von Schwere. Oft erscheinen diese Menschen passiv und langsam. Im Extremfall kann der Mensch mit überlangen Beinen auf kurzem Torso den Kontakt zu den Mitmenschen nicht herstellen, weil die Möglichkeit fehlt, Gedanken und Gefühle auszudrücken.

Langes Stehen ist diesem Menschen unbehaglich. Er fühlt sich wohler und leistungsfähiger, wenn er viel sitzen kann.

Verhältnis Rumpf-Beine ausgewogen

Der Mensch mit dem ausgewogenen Verhältnis von Rumpf und Gliedmaßen hat die Möglichkeit, seine Gedanken und Gefühle wahrzunehmen, kann aber auch den Kontakt zu seinen Mitmenschen und zur Umwelt herstellen. Er fühlt

sich am wohlsten und ist am leistungsfähigsten, wenn er häufig vom Liegen zum Sitzen bzw. vom Gehen zum Stehen wechseln kann. Jedes lange Verharren in ein und derselben Position ist der Anatomie des gesunden menschlichen Körpers nicht zuträglich!

Symmetrie links-rechts

Alle Menschen haben eine Betonung der einen oder anderen Körperseite, die meistens auch mit der Rechts- oder Linkshändigkeit übereinstimmt. Da sich der größte Teil der motorischen Nervenbahnen in der Pyramidenbahnkreuzung der Medulla oblongata (verlängertes Rückenmark) kreuzt, wird die linke Körperhälfte von der rechten Gehirnhälfte beherrscht und umgekehrt.

Bewertet werden hierbei aber nur auffällige Unterschiede zwischen rechter und linker Körperseite, geringere Verschiebungen werden entsprechend der nachfolgenden Deutung graduell verstanden.

Mehr Stärke auf der rechten Körperseite

Hier besteht eine Dominanz der linken Gehirnhälfte. Sprachfähigkeit, logisches, lineares Denken und folgerichtiges Handeln sind ausgeprägt.

Mehr Stärke auf der linken Körperseite

Es besteht eine Dominanz der rechten Gehirnhälfte. Gefühle, Kreativität, bildhaftes, ganzheitliches Denken und intuitives Handeln sind ausgeprägt.

Die Schultern

Die Form und Position der Schultern lässt sich trotz Kleidung meist schon auf den ersten Blick erkennen. Der Ausdruck „Er trägt die Last der Welt auf seinen Schultern" erklärt recht gut, was sich am Stand und der Form der Schultern ablesen lässt: die Art, wie ein Mensch mit Verantwortung, Arbeitslast und Druck in seinem Leben umgeht.

Sicherlich ist das Schultergelenk auch immer beteiligt, wenn wir körperliche Arbeit verrichten, weil Arme und Hände ohne das Schultergelenk nicht bewegt werden können. Die psychische Belastung einer verantwortungsvollen Stellung im Leben wird sich jedoch genauso auf die Haltung der Schultern auswirken, auch wenn körperliche Anstrengung hier gerade gar nicht das Problem ist.

Wesentlich für die Beweglichkeit der Schultergelenke ist eine elastische, geschmeidige Muskulatur, da es sich eher um muskuläre als um knöcherne Verbindungen im Gelenk handelt. Gerade im Bereich der Schultern leiden die Menschen aber am meisten an verspannten Muskeln, was dann wiederum eine Auswirkung auf die Durchblutung des Kopfes hat.

Die Position der Schultern

Die Position der Schultern verrät etwas darüber, wie ein Mensch mit Belastung umgeht. Frierend zieht er z.B. für kurze Zeit die Schultern nach oben. Auch andere Haltungen können, einem Anlass entsprechend, vorübergehend sein.

Meist aber bestehen diese Haltungen über längere Zeit, und die Schultern sind nicht mehr frei beweglich.

Leicht nach vorn gezogene Schultern

Der Mensch ist gefühlsmäßig eher gehemmt und zurückhaltend, oft schämt er sich seiner Gefühle und sehnt sich nach Schutz.

Stark nach vorn fallende Schultern

Ein Mensch, der sich überlastet und überfordert fühlt. Möglicherweise trägt er viel Verantwortung für andere, aber er tut es nicht gern.

Schultern nach vorn und leicht nach oben gezogen

Sehr zurückhaltender Mensch mit fehlender Selbstbehauptung, mit Ängstlichkeit und Schuldgefühlen. Folge dieser Fehlhaltung sind schmerzhafte Muskelverspannungen und Kopfschmerzen!

Schultern deutlich nach hinten zurückgezogen

Vielleicht fällt hier die Stellung des Kopfes mehr auf, weil bei stark zurückgezogenen Schultern der Kopf nach vorne geschoben wirkt. Hier werden starke, negative Gefühle wie Zorn und Wut häufig empfunden, aber mühsam unterdrückt. Zuweilen kann es zu explosionsartigen Wutausbrüchen kommen, die dann auf Grund des lange angestauten Drucks in keinem Verhältnis zum Anlass stehen.

Schultern gerade

Diese Haltung wirkt sehr steif. Ein Mensch mit dieser Schulterstellung hält meist auch den Rücken sehr gerade und starr. Hier zeigt sich eine Überanpassung an Regeln und Normen, ein krampfhaftes Bemühen, den – vermuteten – Anforderungen der anderen gerecht zu werden. Auch hier sind oft schmerzhafte Muskelverspannungen die Folge, wodurch die Haltung noch steifer wird.

Schultern leicht nach unten, hinten, außen gerichtet

Die gesunde Stellung der Schultern ist leicht nach hinten und unten ausgerichtet. Der Mensch empfindet Arbeit oder Verantwortung nicht als belastend, sondern fühlt sich den Herausforderungen des Lebens gewachsen, bzw. hat Freude daran. Diese Schulterstellung ist sehr selten!

Die Ausdehnung der Schultern

Wir betrachten hier, wie die Schultern im Verhältnis zum Körper in der Breite ausgebildet sind.

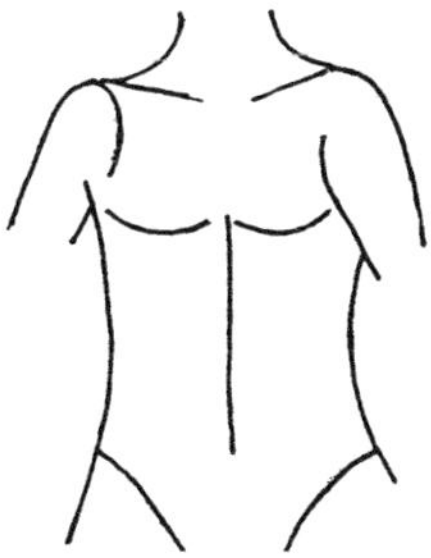

Sehr breite Schultern

Überentwickelte Schultern weisen auf einen Menschen hin, der viel arbeitet und zuviel Verantwortung für andere auf sich nehmen will. Breite Schultern gelten in unserer Kultur als männlich.

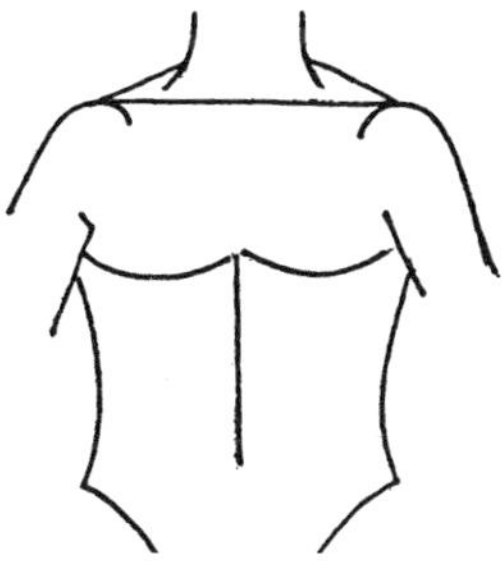

Sehr schmale Schultern

Unterentwickelte Schultern deuten auf einen Menschen hin, der keine Verantwortung im Leben übernehmen will und wenig körperliche Kraft für die Durchführung seiner Arbeit hat. Schmale Schultern gelten in unserer Kultur als weibliches Merkmal.

Die Hände

Die Hände verraten sehr viel über die Persönlichkeit eines Menschen. Die Chiromantie oder Handlesekunst ist eine umfangreiche Wissenschaft*. Auch hier lassen sich meist auf den ersten Blick an der Außenhand die eingangs geschilderten Grundtypen erkennen.

Die Feuerhand

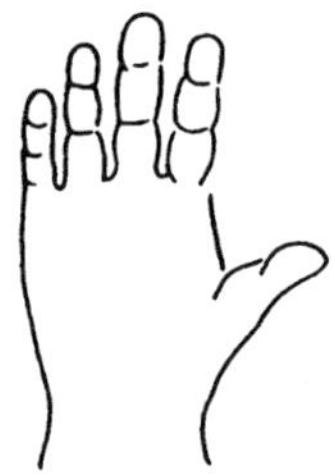

Die Feuerhand besteht aus einem rechteckigen Handteller und kürzeren Fingern. Häufig sind die Finger kräftig. Die Handlinien sind stark und klar. Menschen mit einer Feuerhand sind energisch, tatkräftig, und sie verfügen in der Regel über eine robuste Gesundheit. Im Gemüt sind sie gefühlsbetont und extrovertiert, häufig auch leicht gereizt und auffahrend, aber fast immer mit charismatischer Ausstrahlung.

Die Wasserhand

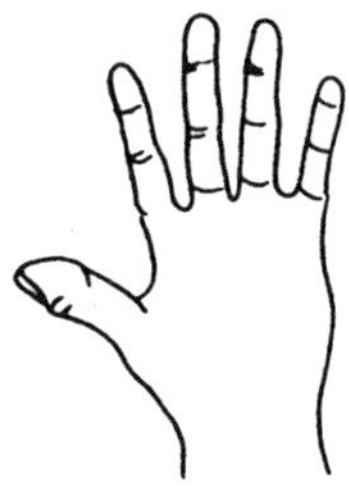

Die Handfläche der Wasserhand ist ebenfalls rechteckig, aber eher schmal gebaut. Die Finger sind lang, manchmal sehr lang, und schlank. Die Muster und Handlinien sind deutlich, allerdings zart gezeichnet, und es finden sich meist eine Fülle von Zeichen. Menschen mit einer Wasserhand sind gefühlvoll und introvertiert, nachdenklich und kultiviert.

* Siehe Anne L. Biwer: Handlesen auch für Kinderhände.

Die Erdhand

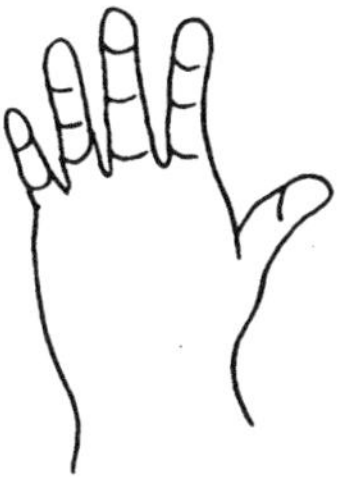

Die Handfläche der Erdhand ist quadratisch, die Finger kurz und häufig gedrungen. Meist finden sich in diesen Händen wenige, klare Muster, welche kräftig ausgebildet sind. Menschen mit Erdhand sind langsam, zuverlässig, praktisch orientiert und sehr ausdauernd. Emotional sind sie ein ruhender Pol und wirken ausgleichend auf ihr Umfeld.

Die Lufthand

Die Handfläche der Lufthand ist quadratisch, die Finger sind schlank und mindestens so lang wie der Handteller, häufig auch länger. Die Linien und Muster sind dünn oder fein, aber klar und deutlich. Menschen mit Lufthand sind geistig rege, wissbegierig und daher gebildet. Sie können sich gut ausdrücken – durch Worte oder Gesten.

Die Füße

Füße sind heutzutage nur noch schwer wahrzunehmen. Durch Schuhwerk verdeckt lässt sich normalerweise lediglich die Größe der Füße und die Art eines Menschen zu stehen beurteilen. Die Art, wie die Füße auf den Boden gesetzt werden, hängt von der Ausrichtung des gesamten Bewegungsapparates ab. Deshalb kann man hieran auch erkennen, wie ein Mensch zum Leben steht.

Viele Nervenenden laufen in der Fußsohle aus. Eine Massage der Füße hat deshalb auf den gesamten Gesundheitszustand des Menschen einen wohltuenden Einfluß. Die einfachste und natürlichste Fußreflexzonenmassage ist übrigens Barfußlaufen auf einer taunassen Wiese!

Große Füße

Die Größe der Füße muss natürlich im Zusammenhang mit der Körpergröße gesehen werden. Gemeint ist hier ein Fuß, der im Verhältnis zum Körper sehr groß wirkt. Ein Mensch mit großem Fuß ist stark geerdet. Die Ausrichtung auf das Materielle ist ausgeprägt, es ist wenig Leichtigkeit im Verständnis des irdischen Lebens. Große Füße treten meist zusammen mit einem schweren, dumpfen Schritt auf.

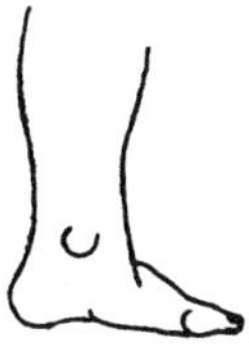

Kleine Füße

Sind die Füße im Verhältnis zum Körper klein, fehlt dem Menschen die Bodenhaftung. Es fällt ihm schwer, sich mit dem Materiellen zu befassen, es herscht zuviel Leichtigkeit im Verständnis des irdischen Lebens. Kleine Füße treten meist zusammen mit einem leichten, kaum hörbaren Schritt auf.

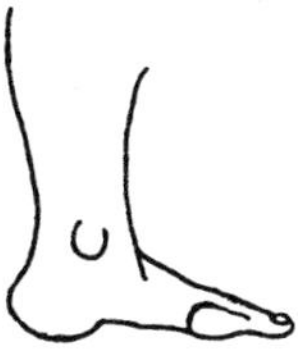

Harmonische Fußgröße

Entspricht die Größe des Fußes dem Körperbau des Menschen, so ist er in der Lage, sich in ausreichender Weise mit dem Materiellen zu beschäftigen. Gleichermaßen verfügt er aber auch über die Fähigkeit, sich zeitweise der Erdenschwere zu entziehen und Leichtigkeit im irdischen Dasein zu emfpinden.

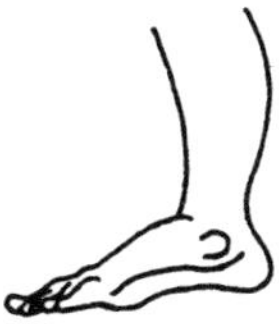

Sehnige Füße

Ein Mensch mit sehnigen Füßen kann viel laufen und ist in seiner Lebensführung entsprechend beweglich. Es besteht eine ausgezeichnete Fähigkeit, zwischen Bodenhaftung und Leichtigkeit zu wechseln.

Fußgewölbe gesunken
(Plattfuß)

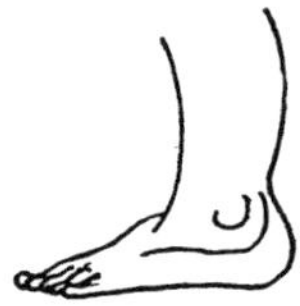

Der Plattfuß kompensiert mangelnde Erdung und ein geringes Energieniveau. Es handelt sich allerdings um einen Zustand, der schon längere Zeit besteht. Beim gesunkenen Fußgewölbe wird soviel wie möglich zusätzliche Bodenhaftung gesucht.

Fußgewölbe hochgewölbt
(Spreizfuß)

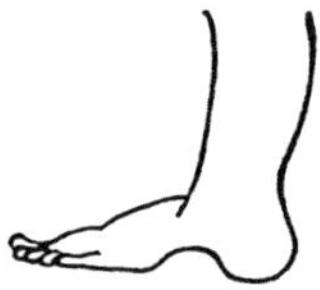

Im zu hoch gewölbten Fuß offenbart sich die Neigung, sich möglichst wenig mit den irdischen Belangen zu befassen, der Wunsch „abzuheben".

Steifer Fuß

Mit einem steifen Fuß fehlt dem Menschen die Sicherheit, aufzutreten und die Kräfte der Schwere und der Leichtigkeit ins Gleichgewicht zu bringen. Der Gang wirkt dadurch merkwürdig gestelzt.

Weicher, rundlicher Fuß

Ein weicher und rundlicher Fuß weist auf eine Lebensweise hin, die wenig körperliche Arbeit und Laufen beinhaltet. Er gehört zu einem eher verweichlichten Menschen, der vor Anforderungen zurückweicht.

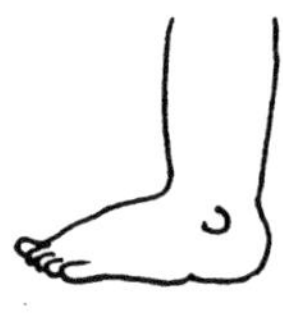

Körpersprache

In der Gegenwart anderer Menschen verändern wir andauernd die Haltung unseres Kopfes, bewegen die Hände während des Gesprächs oder wechseln die Position der Beine. Sicherlich tun wir dies zum einen, weil dem Menschen grundsätzlich jede Körperhaltung, die er über lange Zeit unverändert einhält, nicht zuträglich ist. Aber unser Körper drückt auch, beispielsweise während einer Unterhaltung, sehr viel über unser inneres Befinden aus.

Diese vorübergehenden Körperhaltungen zu verstehen und zu deuten ist das Anliegen der Wissenschaft der „Körpersprache". Sie ausführlich zu beschreiben, würde ein eigenes Buch füllen. Einige wichtige Hinweise sind aber jedem Menschen nützlich, und sie sind leicht zu erkennen. Wer den Zustand, das Unbehagen oder auch die Freude seines Gegenübers erkennen kann, dem ist auch eine angemessene Reaktion darauf möglich. Dies wird mit Sicherheit Ihren Umgang mit den Mitmenschen erleichtern!

Allerdings gibt es mittlerweile viele Menschen, welche in Kursen oder Schulungen die Gesetze der Körpersprache erlernt haben und diese bewusst einsetzen. Bisweilen muss man also schon genau beobachten, will man zuverlässige Hinweise bekommen. Grundsätzlich gilt: Je stärker die Gefühle, desto weniger kann die echte Reaktion unterdrückt werden. Guten Schauspielern ist dies aber durchaus auch dann noch möglich!

Die Gangart

Die Gangart tritt meistens, aber nicht immer, zusammen mit einer bestimmten Fußform oder -größe auf. An der Gangart erkennt man auch gut die vier am Anfang des Buches geschilderten Menschentypen.

Auftreten mit dem Vorderfuß

Dies zeigt Unsicherheit im Umgang mit den materiellen Belangen des Daseins. Es besteht der Wunsch, sich den irdischen Verpflichtungen so weit wie möglich zu entziehen. Dies kommt oft bei Luftmenschen vor.

Auftreten mit der Ferse

Das deutet auf den ausgeprägten Wunsch hin, sich mit dem irdischen Dasein zu befassen und es zu durchdringen. Meist treten Feuermenschen in dieser Weise auf.

Schleppendes Auftreten

Es kennzeichnet einen überlasteten Menschen, der sich den Anforderungen des Lebens nicht gewachsen fühlt. Man findet es häufig bei Wassermenschen.

Wiegendes Auftreten

Der wiegende, rhythmische Gang kennzeichnet einen Menschen, der sich gerne auf der Erde bewegt und naturverbunden lebt. Er zeigt sich bei ausgeglichenen Erdemenschen.

Das Sitzen

Sitzen ist eine Körperhaltung, die für den menschlichen Organismus nicht besonders natürlich oder zuträglich ist. Deshalb ist es durchaus bedenklich, dass in unserer Kultur so viele Tätigkeiten im Sitzen ausgeübt werden. Beim Sitzen können eigentlich nur die Haltung der Schultern und die Bewegung der Hände bewertet werden.

Menschen mit kurzem Rumpf und langen Beinen fühlen sich grundsätzlich beim Sitzen wohler als andere Menschen. Da diese Körperhaltung aber üblicherweise infolge beruflicher Verpflichtung eingenommen wird, lässt sich zumindest daran, wie lange ein Mensch sitzt, nicht erkennen, ob ihm diese Haltung entspricht.*

Das Stehen

Auch das Stehen ist dem menschlichen Bewegungsapparat nur begrenzt zuträglich. Ob ein Mensch fest und sicher über einen längeren Zeitraum stehen kann, wird maßgeblich von einer gesunden Stellung des Beckens bestimmt, da diese Einfluß auf Beine, Knie, Füße und Wirbelsäule hat. Mit Becken ist der Komplex zwischen Hüftknochen, Kreuzbein und Schambein gemeint sowie die Organe, die sich darin befinden, das sind die Ausscheidungs- und Geschlechtsor-

* Siehe auch S. 132, „Haltungen der Füße".

gane. Eine ungesunde Beckenhaltung beeinträchtigt auch die Möglichkeit, sich sexuell zu entspannen.

Menschen mit langem Oberkörper und eher kurzen Beinen werden sich beim Stehen wohler fühlen als andere. In der Regel bevorzugen sie aber Bewegung und die häufige Veränderung der Position.

Becken beim Stehen nach hinten gekippt

Ist das Becken nach hinten gekippt, wird der Bauch vorgeschoben. Dadurch wirkt der Mensch nicht nur übergewichtiger als er wirklich ist, sondern er muss auch, um das Gleichgewicht zu halten, die Brustwirbelsäule mit den Schultern nach hinten drücken. Der Kopf wird dann wiederum nach vorn geschoben. Diese mehrfache Krümmung des Körpers führt langfristig zu Schmerzen im Bewegungsapparat und zu Krankheiten der Unterleibsorgane.

Ein solcher Stand zeigt einen Menschen, der im Gefühlsausdruck gehemmt ist.

Becken beim Stehen gerade

Auch das scheinbar geradestehende Becken ist in Wirklichkeit nach hinten gekippt. Gerade wirkt es durch die starre, aufrechte Haltung des Rückens. Diese kann nur durch ein Hohlkreuz, angespannte Bauchmuskeln und durchgedrückte Knie erreicht werden. Auch diese Haltung bewirkt vielerlei Mus-

kelverspannungen und Störungen des Bewegungsapparates und der Unterleibsorgane.

Ein Mensch mit dieser Haltung ist starr und steif in seinen Gefühlsäußerungen. Es fällt ihm schwer, aus sich herauszugehen oder sich zu entspannen.

Becken beim Stehen nach vorn gekippt

Dies ist die gesunde Haltung. Beim nach vorne gekippten Becken wird das Gleichgewicht dadurch gefestigt, dass die Knie ganz leicht nach vorne geknickt werden. Die Last des Körpers ruht auf den Muskeln von Oberschenkeln und Gesäß, der Rücken und die Schultern bleiben locker und sind vollständig entlastet. Diese Haltung kann längere Zeit eingenommen werden, ohne dass Schmerzen oder Unbehagen entstehen.

Menschen mit dieser Haltung fühlen sich wohl in ihrem Körper und können ihren Gefühlen den angemessenen Ausdruck verleihen.

Der Abstand

Jeder kennt das unangenehme Gefühl, wenn uns jemand auf die Pelle rückt, den wir gar nicht besonders schätzen. Abstand zum anderen einzuhalten, ist ein Zeichen des Respekts und selbstverständlich auch des eigenen Selbstbewusstseins. Welchen Körperabstand wir als angenehm empfinden ist übrigens individuell verschieden. Der Abstand in überfüllten Straßenbahnen oder Warteschlangen wird dadurch aufrechterhalten, dass jeder Blickkontakt zu den anderen so weit wie möglich vermieden wird.

Zu großer Abstand

Ein Mensch, der einen großen, räumlichen Abstand zu seinem Gesprächspartner einhält, möchte Kontakt vermeiden. Ursache kann Abneigung, Überheblichkeit, aber auch Ängstlichkeit sein.

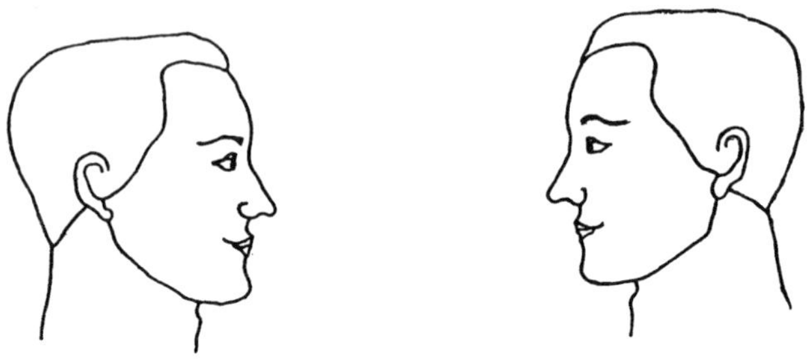

Fehlender Abstand

Überschreitet ein Mensch ständig den Abstand zu seinem Gegenüber, indem er sich nahe heransetzt, hinüberbeugt oder gar besitzergreifend die Hand auf seinen Gesprächspartner legt, dann möchte er mehr Nähe herstellen.

Die Gründe dafür können sehr unterschiedlich sein. Physische Nähe ist das Kennzeichen vertrauter Beziehungen. Sie soll auch andere darauf hinweisen, dass hier eine Einheit besteht. Ist der Gesprächspartner aber unbekannt oder wenig vertraut, kann sich in dem Wunsch, ihn zu berühren, eine große Unsicherheit und der Wunsch nach Bestätigung ausdrücken.

Den Abstand ständig zu überschreiten kann auch das Verhalten eines Menschen sein, der Macht über den anderen ausüben will. Und schließlich, aber gar nicht immer in erster Linie, kann das ständige Überschreiten des Abstands auch Teil einer offensiven, sexuellen Werbung sein.

Der angemessene Abstand

Der angemessene Abstand ist nicht festgelegt. Er verändert sich im Verlauf eines Gesprächs und wird eigentlich nur dadurch deutlich, dass er vom Gegenüber stets als angenehm empfunden wird. Selbst bei einer distanzierten Beziehung kann es im Verlauf des Gesprächs angebracht sein, für einen kurzen Augenblick Körperkontakt herzustellen, etwa wenn besondere Anteilnahme gezeigt werden soll. Ebenso ist es in vertrauten Beziehungen ein Zeichen des Respekts, bei manchen Gesprächen auf die Berührung zu verzichten.

Ein Mensch, der den angemessenen Abstand einhält, ist feinfühlig und selbstsicher. Diese Fähigkeit ist nicht in jeder Situation oder in jeder Lebenslage gleich stark ausgeprägt. Doch je stabiler die Psyche eines Menschen ist, umso öfter gelingt es ihm, den angemessenen Abstand zu seinen Mitmenschen einzuhalten.

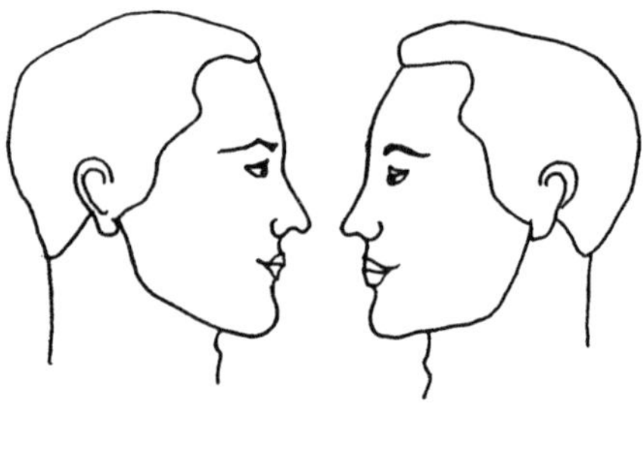

Nachahmung

Ahmt ein Mensch Gesten, Haltung, Gesichtsausdruck und die Redeweise eines anderen nach, ist dies ein sicheres Zeichen für Sympathie. Dieses Nachahmen geschieht unbewusst und kann sehr dezent verlaufen.

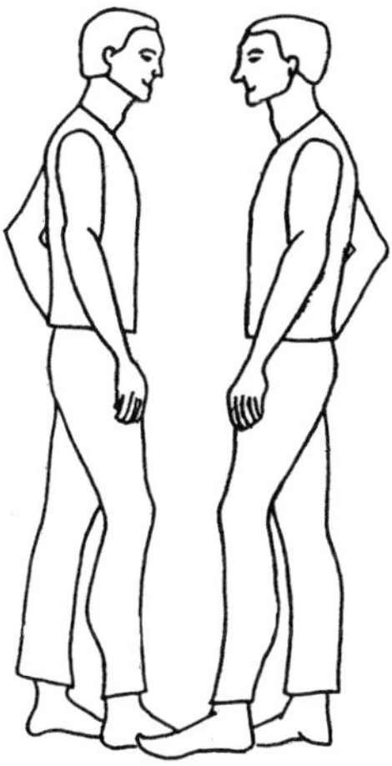

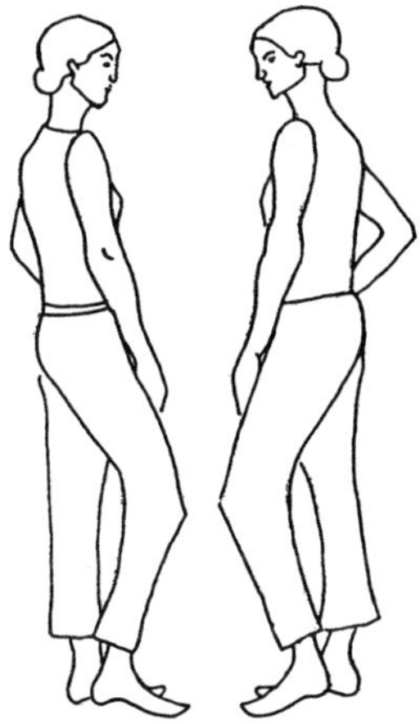

Blickkontakt

Eine wirkliche Begegnung kann ohne direkten Blickkontakt mit den Augen des anderen Menschen nicht zustandekommen. Gerade am Auge lässt sich feststellen, wie aufnahmebereit ein Mensch ist, also ob er z.B. durch eigene Probleme so in Anspruch genommen wird, dass er gar nicht auf eine Situation oder seinen Gesprächspartner eingehen kann.

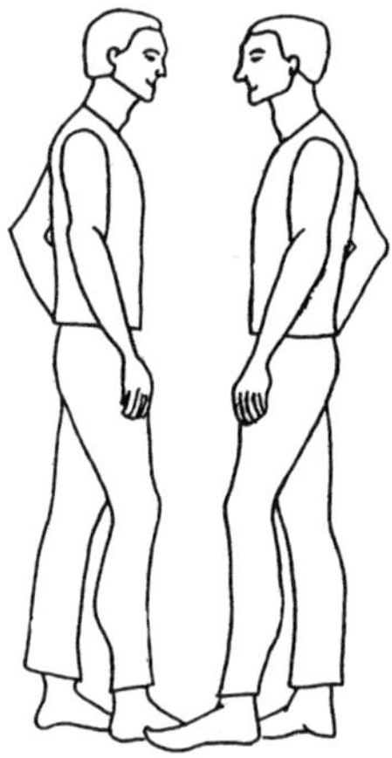

Häufiger Blickkontakt

Häufiger Blickkontakt ist ein Hinweis auf Sympathie, vor allem, wenn sich dabei die Pupillen (das Schwarze in der Iris) weiten. Auch ein ehrlicher Mensch, der nichts verbergen will, wird viel Blickkontakt aufrechterhalten. Ansonsten kann sich auch der Wunsch nach Unterstützung im Suchen des Blickkontakts ausdrücken.

Fehlender Blickkontakt

Weicht ein Mensch dem Blickkontakt aus, will er einer wirklichen Begegnung ausweichen. Ursache kann Antipathie sein, aber auch der Wunsch, etwas von sich selbst zu verbergen.

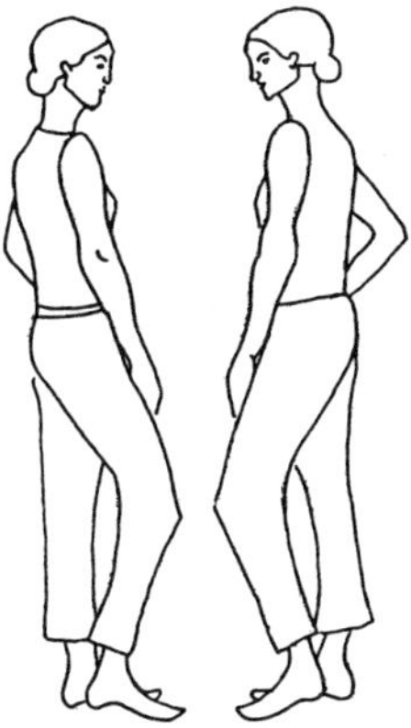

Der Blick geht seitlich vorbei

Er hat zweierlei Bedeutung: Besteht keine Beziehung, wird der seitlich vorbeigehende Blick Desinteresse an der Kontaktaufnahme aufzeigen. Erfolgt im Verlauf eines Gesprächs eine wichtige Mitteilung, geht der Blick eher seitlich am Gegenüber vorbei.

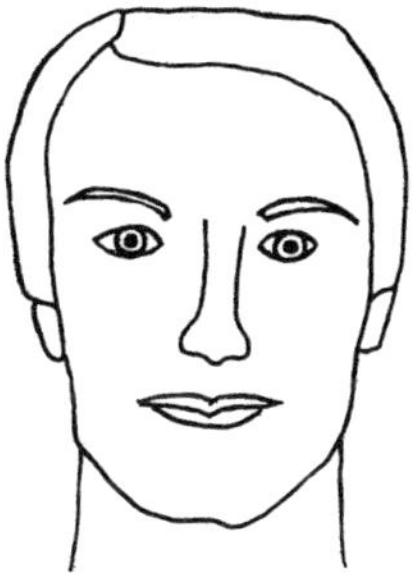

Glasige, starr blickende Augen

Ein Mensch mit diesem Blick ist erschöpft oder seelisch zu stark beansprucht. Zwar versucht er noch mühsam, den Anforderungen an ihn gerecht zu werden, aber seine Aufnahmebereitschaft ist bereits vermindert.

Eine Iris erscheint angehoben

Diesen Zustand erkennt man daran, dass unter einer Iris mehr Sklera (Augenweiß) erscheint. Beide Augen blicken starr und glasig. Ein Mensch mit diesen Augen ist in hohem Grad erschöpft oder seelisch überfordert. Deshalb reagiert er auf weitere Anforderungen von außen zunächst feindselig. Das ist dem Betreffenden bewusst, aber die ablehnende Haltung kann nur überwunden werden, wenn eine Erholungspause möglich ist.

Beide Iris angehoben

Dies ist daran zu erkennen, dass unter der Iris beider Augen viel Sklera (Augenweiß) zu sehen ist. Beide Augen blicken glasig und ins Leere. Der Mensch steht unter großem, seelischem Druck, vielleicht unter Schock; er verhält sich wie „gelähmt“ und kann im Augenblick keine Verbindung mehr zu anderen herstellen.

Einen Menschen in diesem Zustand mit weiteren Anforderungen zu bedrängen, ist nicht nur zwecklos, sondern auch gefährlich. Die Reaktionen in einem so extremen Zustand sind unvorhersehbar. Der Mensch könnte sich selbst oder sogar anderen Schaden zufügen, wenn er sich durch weitere Ansprüche bedroht fühlt. Handelt es sich nur um eine seelische Überlastung, kann behutsame Ansprache eventuell die Verkrampfung lösen.

Lächeln

Ein echtes Lächeln ist das schönste Geschenk, das uns ein anderer Mensch machen kann. Vielleicht sollte jeder selbst damit beginnen, wieder recht viel dieses beglückenden Lächelns zu verschenken!

Auf einem Foto lässt sich ein echtes Lächeln besonders leicht erkennen: Decken Sie dazu die Mundpartie ab. Der übrige Gesichtsausdruck, vor allem um die Augen herum, verrät Ihnen dann, wie es dem Menschen beim Lächeln wirklich zumute war. Oft schauen die Augen traurig, angespannt oder ablehnend.

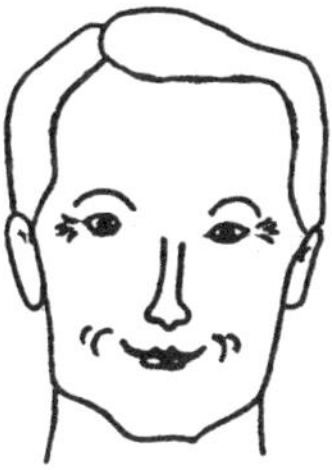

Das herzliche Lächeln

Beim echten Lächeln verziehen sich die Lippen und die Wangen nach oben, es entstehen Lachfältchen, und der Augenausdruck ist freudig oder warmherzig. Selbst wenn die Grundstimmung des lächelnden Menschen eine traurige ist, wird das echte Lächeln auch den Augenausdruck zumindest für diesen Augenblick verändern.

Es ist fast unmöglich, ein herzliches Lächeln unerwidert zu lassen!

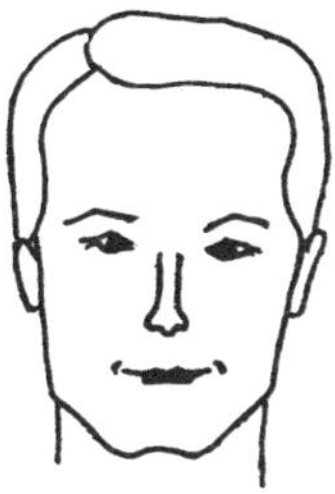

Das höfliche, formale Lächeln

Die Lippen verziehen sich nach oben, aber der Rest des Gesichts bleibt unbewegt.

Das verkniffene, unehrliche Lächeln

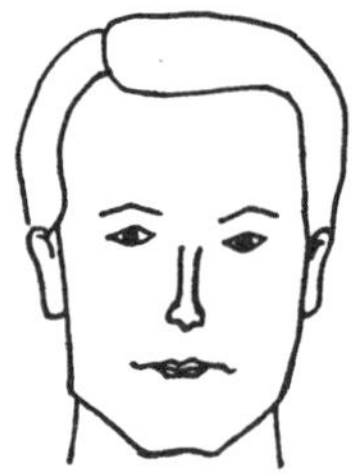

Die Lippen verziehen sich nach oben, sind dabei aber schmal zusammengepresst. Ein solches Lächeln ruft bei anderen unbehagliche Gefühle hervor.

Gestik

Haltungen der Hände

Wie stark die Hände bei der Kommunikation eingesetzt werden, ist kulturell bedingt. In südlichen, heißen Ländern beispielsweise ist die Gestik meist viel lebhafter als im Norden.

Lebhafte Gestik

Sie deutet auf einen – zumindest im Augenblick – extrovertierten Menschen hin.

Die Hände werden verdeckt

Der Mensch möchte wesentliche Informationen über sich zurückhalten.

Die Hände werden mit der Innenseite gezeigt

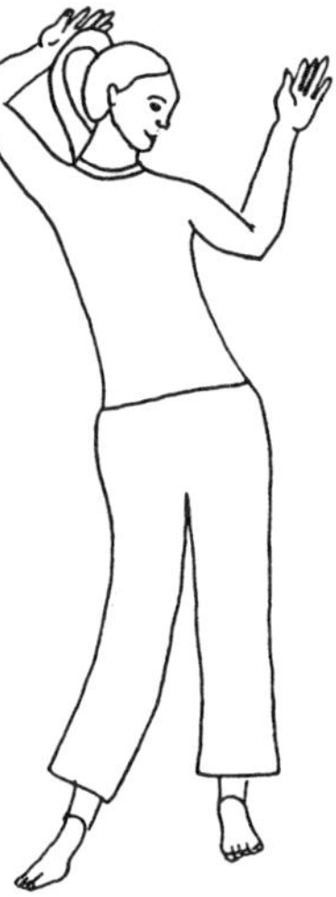

Sie zeigen die Bereitschaft eines Menschen, offen und ehrlich zu sein.

Die Arme und Hände werden verschränkt

Der Mensch schließt sich von den äußeren Eindrücken ab.

Haltungen der Füße

Selbst wenn ein Mensch sich darin geschult hat, die Mimik des Gesichts und die Gestik der Hände zu beherrschen und bewusst einzusetzen, wird es ihm sehr schwerfallen, die Bewegungen seiner Füße zu kontrollieren. Füße sind ehrlich. Sie können sich fast sicher sein, dass die an dieser Stelle gezeigten Gefühle die wahren sind! Besonders gut lässt sich die unwillkürliche Bewegung der Füße im Sitzen beobachten.

Die Füße stehen beim Sitzen sicher auf dem Boden

Stehen die Füße fest auf dem Boden und sind klar auf das Gegenüber gerichtet, so handelt es sich um einen Menschen, der offen, ehrlich und ausgeglichen ist.

Die Füße zappeln beim Sitzen

Unruhige Füße sind ein sicheres Zeichen, dass der Mensch eigentlich nicht in der Situation bleiben will, in der er sich gerade befindet. Auch wenn alle anderen Körperhaltungen das Gegenteil zu beweisen scheinen: Hier ist jemand ungeduldig, gelangweilt oder besorgt.

Ein Fuß umschlingt das andere Bein

Dies ist ein Hinweis, dass der Mensch nervös und unsicher ist, ganz unabhängig davon, was mit der übrigen Mimik und Gestik ausgedrückt wird!

Ein Fuß kreuzt den anderen

Der Mensch will etwas von sich zurückhalten. Das kann ein Gefühl, eine Information oder einfach ein Harn- bzw. Stuhldrang sein.

Die Praxis

Und nun zur Praxis!

Wie können Sie nun diese Fülle von Informationen gezielt und sinnvoll einsetzen? Sicher lassen sich genaue Kenntnisse erst nach und nach erwerben. Nehmen Sie sich stets nur einen Bereich vor, etwa die Kopfform, die Stirn, die Augen oder den Mund, und beobachten Sie eine ganze Weile nur dieses Merkmal bei allen Menschen, mit denen Sie zu tun haben. Langeweile im Wartezimmer, auf dem Bahnsteig oder in der Straßenbahn kann es von nun an nicht mehr für Sie geben! Denn je mehr Menschen Sie betrachten, um so mehr mögliche Variationen werden Sie entdecken und unterscheiden können. Dabei ist es ganz natürlich, dass sich einige Merkmale des Gesichts, des Kopfes oder der Gestalt schwerer erkennen lassen als andere.

Konzentrieren Sie sich ruhig auf das, was Sie am meisten anspricht. Die Informationen, die uns der Körper eines Menschen vermittelt, wiederholen sich, sodass es keineswegs nötig ist, alles genau wahrzunehmen und zu bewerten.

Folgen hat diese Entdeckungsreise in Menschenkenntnis nur, wenn Sie sich danach auch entsprechend Ihren Erkenntnissen verhalten. Dann werden sich die Menschen Ihrer Umgebung auf eine ganz neue Art von Ihnen verstanden fühlen. Wenn Sie auf diese Weise respektvollen und einfühlsamen Kontakt zu Ihren Mitmenschen herstellen und pflegen, werden sich Ihre sozialen Kontakte um ein Vielfaches verbessern.

Und nun folgen einige Beispiele, die Ihnen aufzeigen werden, wie Sie die Fähigkeit, aus dem Gesicht und dem Körper zu lesen, im Alltag anwenden können!

Physiognomische Beratung

Monika

Monika ist 33 Jahre alt und kommt gerade mit ihrem Leben schwer zurecht. Vor allem gesundheitliche Probleme machen ihr zu schaffen. Ständig ist sie erkältet, sie leidet unter Periodenbeschwerden, Migräneattacken und viel zu oft schon am Morgen unter bleierner Müdigkeit. Der Hausarzt hat ihr deshalb ein Antidepressivum verschrieben, aber Monika will es nicht einnehmen. Sie ist halbtags berufstätig, hat drei Schulkinder zu versorgen, bewältigt den Haushalt allein und meint, in ihrer Ehe stünde es nicht zum Besten, da ihr Mann sich kürzlich selbständig gemacht habe und nur noch an sein Geschäft denke.

Monika ist schlank und hochgewachsen. Beim Hereinkommen fällt auf, dass sie die Schultern nach vorn fallen lässt und das Becken gerade steht. Auch wenn sie langsam geht, ist ihr Schritt doch bestimmt und setzt auf den Fersen auf. Die Beine sind sehr lang, der Rumpf kurz. Wenn Monika sitzt, fällt die Rundung der Schul-

tern noch stärker auf, obwohl sie insgesamt den Rücken gerade und ziemlich steif hält. Die Hände sind lang und schlank mit zarten, langen Fingern.

Betrachten wir nun Monikas Gesicht. Der Teint ist strahlend weiß; der Kopf ist für die hochgewachsene Gestalt recht klein und länglich geformt, zumindest von der Gesichtsseite aus betrachtet. Die Stirn ist gerade und hoch, die Augenbrauen liegen ebenfalls hoch über den Augen und bilden einen halbkreisförmigen Bogen.

Erst nach einer Weile schaut Monika ihr Gegenüber an, vorher scheint der Blick durch dichte, wellenförmige Wimpern verdeckt. Die Lage der Augen rechts und links ist leicht unterschiedlich, die äußeren Augenwinkel neigen sich nach oben. Die Augenregion ist schmal, die Iris scheint von ausgewogener Größe.

Auffällig ist eine ausgeprägte Längsfalte auf der linken Schläfe, die sich bis zum Ohr hinzieht. Vom Profil aus lässt sich erkennen, dass gleichviel Kopfmasse vor wie hinter dem Ohr liegt. Die Ohren selbst sind sehr klein, aber wohlgeformt.

Erstaunlich in dem sonst schmalen Antlitz sind die ausgeprägten Wangenknochen, die das Gesicht an dieser Stelle auch deutlich verbreitern.

Die Nase ist schmal mit geradem Rücken, die Spitze weist nach unten. Die Nasenflügel sind ebenfalls eng anliegend. Es besteht eine leicht eingekerbte Naso-Labialfalte.

Die Lippen liegen hinter der Stirnmitte. Ober- und Unterlippe sind im Verhältnis zueinander harmonisch und ausgewogen. Zwischen Kinn und Unterlippe befindet sich eine Falte. Das Kinn ist schmal, der Kiefer mittelmäßig ausgeprägt.

Physiognomische Bewertung

Nach dieser Betrachtung wissen wir bereits so viel über Monika, dass wir ihren Zustand begreifen und ihr einige Hinweise geben können, wie sie besser mit ihrem Leben zurechtkommen kann!

Monika ist ein Wassermensch, dafür sprechen die schlanke Gestalt, die hängenden Schultern, die schlanken Hände, die verhangenen Augen und der kleine Kopf. Als solcher braucht Sie einen langsamen Arbeitsrhythmus und häufige Ruhepausen, aber vor allem verständnisvolle Menschen um sich herum, um ihre Leistungsfähigkeit zu erhalten. Monika hat jedoch eine enorme Arbeitslast in großer Hektik zu bewältigen und findet offenbar keinen emotionalen Rückhalt bei ihrem Partner.

Der kleine Kopf verweist auf eine Tendenz zu Nervosität und Kopfschmerzen. Den weißen Porzellanteint hatte Monika ihres Wissens schon immer, also haben wir hier wieder einen Hinweis auf körperliche Schwäche, die Neigung zum Frieren und eine eher pessimistische Grundeinstellung. Kopfgröße und Gesichtsfarbe verraten zudem, dass Monika selbst in ihren Gefühlsäußerungen eher zurückhaltend ist und gerne eine kühle Distanz wahrt.

Die stark nach vorn fallenden Schultern zeigen, dass sie die Last der Verantwortung in ihrem Leben nicht gerne trägt und sich davon erdrückt fühlt. Erinnern wir uns auch, dass ihre Beine länger sind als der Rumpf, was bedeutet, dass Arbeiten im Stehen Monika schwerer fallen als solche, die im Sitzen ausgeübt werden.

Außerdem deutet das gerade Becken auf eine starre, unausgeglichene Körperhaltung hin sowie auf Spannungen

bzw. Krämpfe in den Unterleibsorganen. Hier findet sich vermutlich die Ursache für die Periodenbeschwerden, die weiterhin auf eine Schwierigkeit hindeuten, sich sexuell zu entspannen. Dies in Verbindung mit Monikas emotionaler Kühle ist möglicherweise der Grund für die Schwierigkeiten in der Ehe.

Vom Profil aus sahen wir gleichviel Kopfmasse vor wie hinter dem Ohr, also lehnt Monika neue Situationen eher ab und misst alles an vergangenen Erfahrungen. Das erschwert natürlich die rasche Umstellung auf neue Anforderungen und passt zum Wassermenschen. Die Lippen liegen hinter der Stirnmitte; auch dies spricht für eine Eigenschaft des Wassermenschen, nämlich gründlich zu überlegen, bevor etwas ausgesprochen wird.

Die kleinen Ohren bestätigen die anfällige Konstitution. Da sie schön und harmonisch ausgebildet sind, besteht eine gute Veranlagung, allerdings ist der Energiepegel niedrig. Betrachten wir jetzt noch die drei Falten, die uns etwas über Monikas Beschwerden verraten. Zunächst die Schläfenfalte: Wahrscheinlich trinkt sie zu wenig. Die Mangelernährung wird durch die Naso-Labialfalte bestätigt, denn die beginnende Schwäche des Magen- und Verdauungstraktes erschwert die Aufnahme der Nährstoffe. Die Falte zwischen Kinn und Unterlippe bestätigt die Vermutung, dass eine Schwäche der Wirbelsäule und eine körperliche sowie seelische Anfälligkeit vorliegt.

Auch die gerade Stirn passt ins Bild des Wassermenschen. Monika braucht eine geraume Weile, eine Situation gründlich zu durchdenken, bevor sie damit zurechtkommt. Plötzliche Anforderungen verunsichern sie.

Die langen Wimpern weisen auf eine eher träumerische,

sentimentale Betrachtungsweise hin. Die hohen, schön geformten Augenbrauen bestätigen das Streben nach Distanz, zeigen aber auch den Wunsch nach Harmonie mit anderen Menschen und die Bereitschaft, etwas für dieses Einverständnis zu tun. In den nach oben gebogenen Augen erkennen wir Monikas Fähigkeit, für die Fehler ihrer Mitmenschen Verständnis aufzubringen. Dabei hilft ihr die leicht unterschiedliche Plazierung der Augen, eine Situation von verschiedenen Seiten zu betrachten.

Die schmale Augenregion deutet wieder einmal auf Monikas Bedürfnis hin, langsam und vorsichtig an eine Sache heranzugehen. Auch die Nase bringt keinen Widerspruch ins Bild. Monikas Streben nach Einklang und Unterstützung durch andere wird hier noch einmal zum Ausdruck gebracht, und die verminderte körperliche Kraft findet eine weitere Ursache in der reduzierten Sauerstoffaufnahme durch die langen, schmalen Nasenflügel.

Das Verhältnis von Ober- zu Unterlippe ist ausgewogen: Monika steht sowohl die sprachliche wie die körperliche Ausdruckskraft zur Verfügung. Das schmale Kinn verdeutlicht wieder den zurückhaltend und überlegt handelnden Menschen. Der mittelmäßig ausgeprägte Kiefer verweist auf das Potential zu einem angemessenen Verhalten bei Gefahr und einem ausreichenden Vermögen, andere Menschen zu führen. Die normal große Iris zeigt, dass Monika grundsätzlich über die Fähigkeit verfügt, Gefühle der Situation entsprechend auszudrücken. Sie kann auch die Gefühle anderer wahrnehmen.

Den einzigen Widerspruch im Gesamtbild bilden die breiten, ausgeprägten Wangenknochen. Dies ist ein Kennzeichen für starkes Selbstvertrauen. Außerdem besteht die Fä-

higkeit, unverzüglich notwendige Handlungen anzugehen, und die Bereitschaft zu Veränderungen. Dies wiederholt sich in dem für Wassermenschen unüblichen, von der Ferse aus betonten Schritt.

Schlussfolgerung

Monika muss unbedingt ihren Arbeitsstil verändern, denn sie ist insbesondere der Hektik ihres gegenwärtigen Alltags nicht gewachsen. Dabei kann sie durchaus viel leisten, wenn die Anforderungen rhythmisch und regelmäßig sind, und sie sich häufige Ruhepausen gönnt. Ihrem Bedürfnis nach Überschaubarkeit käme sicher ein wöchentlicher Arbeitsplan mit Einkaufsliste und Küchenzettel entgegen. Spontan meint Monika auch, dass die Zubereitung des warmen Mittagessens mit so viel Unruhe und Eile verbunden sei, dass sie schon darüber nachgedacht habe, die Hauptmahlzeit der Familie auf den Abend zu verlegen, was den Vorteil hätte, dass ihr Mann dann auch mitessen könne.

Monika verfügt über ausreichend Durchsetzungskraft, ihre Kinder zu führen und dabei ihre eigenen Interessen zu wahren. Die Rücksicht auf einen ihrer Konstitution angemessenen Arbeitsstil ist durchaus im Sinne der Familie, denn tut sie nicht mehr für ihre Gesundheit, wird sie in absehbarer Zeit deutlich an Leistungsfähigkeit einbüßen. Sie muss unbedingt mehr Wasser trinken, was schon innerhalb kurzer Zeit den Energiepegel beträchtlich steigern kann. Außerdem wäre sicherlich eine stärkende, naturheilkundliche Behandlung angebracht, aber dafür meint Monika, im Augenblick weder Zeit noch Geld zu haben. Allerdings ist sie durchaus bereit, einen Kurs für Beckenbodentraining mitzumachen, den sie vom Gynäkologen empfohlen be-

kam. Wenn Monika diese Übungen regelmäßig durchführt, könnten sie erheblich zur Stärkung des Beckens und der Wirbelsäule beitragen und damit zur Steigerung des Wohlbefindens und der Lebenskraft.

Entsprechend ihrer Neigung zu gefühlsmäßiger Zurückhaltung möchte Monika nicht detailliert über Schwierigkeiten in ihrer Ehe sprechen. Wahrscheinlich werden aber die wenigen angesprochenen Änderungen der Lebensführung auch insgesamt zu einer Verbesserung von Monikas Verhältnis zu anderen Menschen führen.

Die Nutzung der Körpersprache im Berufsalltag

Detlev und das Versandhaus

Vom Erfolg der Beratung seiner Frau Monika – und der deutlichen Verbesserung der familiären Situation – angetan, ersucht einige Wochen später Monikas Ehemann Detlev um Rat. Er hat sich mit einer kleinen Importfirma selbständig gemacht und führt kunsthandwerkliche Gegenstände aus Indien und dem Nahen Osten ein. Die Arbeit macht ihm Spaß, auch wenn er häufig beträchtliche Probleme mit dem Zoll hat.

Nun aber hat sich eine Situation ergeben, mit der er nicht recht umzugehen weiß. Bisher hat er gut mit mehreren Kleinhändlern zusammengearbeitet. Ein großes Versandhaus hat Interesse signalisiert und will seine Waren im Katalog anbieten. Dies wäre ein sicheres und aussichtsreiches Einkommen, allerdings könnte Detlev dann seine bisherigen

Kunden nicht mehr ausreichend bedienen. Die Aussicht, von einem Abnehmer abhängig zu sein, verunsichert ihn ebenso wie die sehr schleppend geführten Verhandlungen. Trotz der scheinbar hervorragenden Aussichten hat Detlev zunehmend ein ungutes Gefühl bei diesem Projekt.

Da nun in Kürze ein neuer Termin mit dem Verantwortlichen des Versandhauses ansteht, will er wissen, ob er möglicherweise anhand von Körpersignalen herausfinden könnte, ob da irgendetwas nicht stimmt. Er wird mit dem Hinweis entlassen, besonders auf die Füße zu achten, da wir davon ausgehen müssen, dass ein so großes Versandhaus geschulte Mitarbeiter einsetzt, die sehr wohl darüber Bescheid wissen, wie Körpersprache wirkt. Aber natürlich sollte Detlev auch das Lächeln, den Abstand sowie den Blickkontakt beachten.

Körpersprachliche Analyse des Gesprächs

Einige Tage später berichtet Detlev von dem Gespräch, das inhaltlich sehr positiv verlief. Eigentlich hätte der Vertrag schon zugeschickt werden sollen. Dennoch ist sich Detlev mittlerweile fast sicher, dass aus dieser Sache nichts Gutes werden kann.

Während des Gesprächs machte er folgende Beobachtungen:

Sein Verhandlungspartner, ein Herr Meier, behielt von Anfang an, selbst beim Händeschütteln zur Begrüßung, einen großen Körperabstand bei. Er wollte also einen wirklichen Kontakt vermeiden. Die Ursache dafür kann Abneigung, Überheblichkeit, aber auch Ängstlichkeit gewesen sein. Noch wissen wir nicht, um welche Gefühle es sich gehandelt haben könnte.

Herr Meier ahmte die Gesten und die Haltung Detlevs nach. Dies war ihm schon beim ersten Gespräch aufgefallen. Detlev kam sich dadurch aber nachgeäfft vor. Er hat sich dabei eher unwohl als akzeptiert gefühlt. Daher liegt die Vermutung nahe, dass Herr Meier diese Nachahmung bewusst eingesetzt hat, weil er wußte, was sie bedeutet (Sympathie für den Gesprächspartner), und er sich dies zunutze machen wollte. Sehr geschickt scheint er dabei nicht vorgegangen zu sein, wenn Detlev sich sogar nachgeäfft fühlte!

Tatsächlich ist diese Nachahmung, meisterhaft durchgeführt, sehr schwer zu erkennen. Zwar würde sicherlich ein unbehagliches Gefühl beim Nachgeahmten entstehen, sollte die synchrone Bewegung der Gesten und der Haltung lediglich aus einer Absicht heraus und ohne wahre Sympathie eingesetzt werden, aber es wäre doch recht schwierig, die Ursache für dieses Gefühl herauszufinden.

Herr Meier suchte auch ununterbrochen Blickkontakt. Ob sich die Pupillen dabei weiteten, konnte Detlev aufgrund des Abstands nicht feststellen. Herr Meier könnte also aus Sympathie, aus Ehrlichkeit oder aber aus einem Wunsch nach Unterstützung den Blickkontakt so intensiv gesucht haben. Allerdings ist es ebenso gut möglich, dass er auch diesen bewusst und gezielt eingesetzt hat.

Die Hände verdeckte Herr Meier fast die gesamte Zeit; er hielt ständig irgendwelche Kataloge oder Broschüren in der Hand, so dass Detlev sich nicht sicher war, was er davon halten sollte. Wir wissen ja inzwischen, dass ein Mensch, der seine Hände verdeckt, wesentliche Informationen über sich selbst zurückhalten möchte.

Am interessantesten fand Detlev wirklich die Beobachtung der Füße. Da das Gespräch in seinem Büro stattfand, hatte er darauf geachtet, dass er diese beim Sitzen auch unauffällig beobachten konnte. Dies ist schwierig oder auch unmöglich, wenn ein Schreibtisch den Blick auf die Füße verwehrt. Herr Meiers Füße zappelten fast ununterbrochen, gelegentlich hat er mit einem Fuß das andere Bein umschlungen oder mit dem einen den andern Fuß überkreuzt. Dies allerdings waren eher Ruhepausen gewesen, denn meistens hatten sich die Füße unruhig bewegt, was einen seltsamen Kontrast zu der sonst beherrschten Haltung des Verhandlungspartners gebildet hat.

An der Aktivität der Füße erkennen wir, dass Herr Meier sich äußerst unwohl fühlte, unsicher und nervös war und irgendeine Information zurückhielt. In diesem Sinne müssen dann ebenso der zu große Abstand und die Suche nach häufigem Blickkontakt gewertet werden.

Sicher könnte auch ein privates Problem Herrn Meier so aus dem Gleichgewicht gebracht haben. Dennoch verwundert es nicht, dass der zugesicherte Vertrag nie eintraf.

Detlev baute unterdessen die Handelskontakte zu seinen bisherigen Kunden aus und gewann neue hinzu. Als Detlev nach zwei Monaten bei dem Versandhaus interessehalber nachfragte, was denn mit seinem Vertrag sei, erfuhr er, dass Herr Meier zu dem Zeitpunkt des letzten Gesprächs bereits

gekündigt gewesen sei und seinen Nachfolger gar nicht von seinem Kontakt mit Detlev informiert habe.

Physiognomische Erkenntnisse

Teamarbeit

Personalreferentin Claudia ist ratlos. Sie betreut ein Team aus drei Mitarbeitern, die für die Absatzförderung des Unternehmens verantwortlich sind. Alle drei sind kompetente, reife und konfliktfähige Persönlichkeiten. Trotzdem klappt es mit der Zusammenarbeit überhaupt nicht. Claudia wurde damit beauftragt, den Grund herauszufinden.

Da es weder an den fachlichen noch an den persönlichen Fähigkeiten mangelt, und außerdem alle drei angegeben haben, keine persönlichen Abneigungen gegen einen der Kollegen zu hegen, entscheidet sie sich dafür, die physiognomischen Erkenntnisse, die sie gerade erworben hat, auf dieses Teamproblem anzuwenden.

Zunächst lädt sie jeden der drei Mitarbeiter zum Einzelgespräch, um die einzelnen Personen in Ruhe zu beobachten und die Merkmale zu bewerten. Danach weiß Claudia eigentlich schon, wie das Problem in der Abteilung Absatzförderung zu lösen wäre ... Doch zunächst zu den drei Teammitgliedern.

Physiognomische Bewertung der Teammitglieder

Sven – der Kreative

Sven entwickelt die Ideen. Er kommt mit beschwingtem Schritt in Claudias Büro. Die Anmut seiner Bewegung erinnert Claudia daran, dass er ein hervorragender Tangotänzer ist. Fröhlich begrüßt er sie und bekundet großes Interesse daran, wie sie denn nun das Problem der Abteilung lösen wird. Aber er will im Grunde keine Antwort hören, schon erzählt er von einem spannenden Film, den er gestern gesehen hat, und wechselt dann zu seinen neuesten Ideen, was die Kundengewinnung betrifft. Dabei lächelt er fast ununterbrochen, aber auch wenn er einen Augenblick schweigt, was selten ist, sind seine nach oben gebogenen Mundwinkel deutlich zu erkennen.

Claudia ist also jetzt schon sicher, dass Sven ein Luft-

mensch ist. Alle bisher beobachteten Verhaltensweisen und die positive Lebenseinstellung, die sich auch in den Mundwinkeln offenbart, sprechen dafür.

Da Sven eine modische Glatze trägt, lässt sich sein Schädel besonders gut betrachten. Claudia sieht eine leichte Wölbung des Scheitels. Diese ausgewogene Form der Scheitelnaht verrät ihr, dass Sven der wahrnehmbaren, materiellen Welt genauso viel Bedeutung beimisst, wie dem, was an Gefühlen oder Gedanken jenseits der Sinne in sein Bewusstsein strömt. Sie zeigt auch, dass er viel Verständnis für sprachliche Bilder und Gleichnisse hat. Svens oberer Hinterkopf ist stark gewölbt, was ihn als Mensch mit spiritueller Begabung und visionärer Schau ausweist und seine Offenheit für neue Erfahrungen, über die er als Luftmensch ohnehin verfügt, noch einmal bestätigt. Claudia bemerkt auch eine deutliche Wölbung am Oberkopf. Sven besitzt also Intuition, und dadurch besteht eine starke Präsenz in der Gegenwart. Sehr markant sind die betont vorgewölbten Stirnbeinhöcker. Sie sind der Beweis, dass Svens Kreativität und Phantasie deutlich ausgeprägt sind. Er will folglich erneuernd wirken, und sollte er daran gehindert werden, wird er stören. Die Mittellinie an der Stirn ist erhaben und verweist damit auf originelles Verhalten sowie die Fähigkeit und den Willen, Neues zu erschaffen. Da erstaunt es auch nicht, dass Svens Augenbrauen zur Stirn hin einen Winkel bilden. Ihm ist die kreative Gestaltung ein lebenswichtiges Anliegen.

Claudia kann sich also sicher sein, dass Sven wirklich der richtige Mann am richtigen Platz ist. Seine ausgeprägte Originalität und Kreativität sichern ihm den Ideenreichtum, der für seinen Job nötig ist.

Was aber ist nun mit seinen sozialen Fähigkeiten? Im Grunde ist der Luftmensch angenehm und freundlich im Umgang, aber immerhin kann er auch frech werden. Und tatsächlich weist Svens Nasensteg nach oben. Möglich ist demnach auch, dass er zuweilen undiszipliniert und nachlässig wirkt.

Auf die Frage, was ihn in dem Team störe, kann er nichts Rechtes antworten. Er versteht sich mit den beiden anderen bei der Arbeit nicht so besonders, privat aber eigentlich ganz gut. Mike suche immer Streit und Peter sei ziemlich langweilig. Auch diese eher oberflächliche Betrachtung passt zum Luftmenschen. Claudia bemerkt jetzt noch den weiten Augenabstand, mit dem Sven Fehler nicht ernst nimmt, aber auch immer offen an Probleme herangeht. Interessant ist außerdem das runde Kinn, weil Claudia hierdurch erfährt, dass Sven seinen Willen auf eher harmonische Weise durchsetzen wird, und der schmale Kiefer, der darauf hinweist, dass er sich eigentlich gerne führen ließe, sofern ihm genügend Raum für seine Kreativität gewährt wird.

Mike – die Basis

Mike ist für die gründliche Ausarbeitung der Projekte zuständig. Er hat einen stampfenden Schritt, und Claudia erinnert sich, dass er während eines Gesprächs nie lange sitzen bleibt. Dabei bewegt er seine gedrungene Gestalt mit erstaunlicher Anmut. Auch heute beginnt er bald, auf und ab zu laufen.

Sein ausgeprägtes Kinn und der breite Kiefer weisen ihn im Zusammenhang mit den breiten Wangenknochen als eine ausgesprochene Führungsnatur aus. Mit lauter Stimme erläutert Mike, was ihn alles an seiner Arbeit stört. Sven sei

zwar sehr nett, auch wenn er sich gelegentlich wie ein Flegel benehme, und schnell, bringe aber seine Sachen nie richtig zu Ende. Und Peter sei viel zu langsam, immer habe er neue Einwände, sodass viel zu viel Zeit verstreiche. Mike ist überzeugt, dass, wenn alles nach seinen Vorstellungen verliefe, die Abteilung wesentlich erfolgreicher wäre.

Da Mike ständig hin und her läuft, ist es für Claudia gar nicht so leicht, etwas zu beobachten. Immerhin fallen ihr das dichte, struppige Haar und die großen Ohren mit den rechteckigen Ohrläppchen auf. Mike ist also ein eigenwilliger Mensch, der sich gar nicht lenken lassen will, und verfügt über eine außerordentlich robuste, leistungsstarke Konstitution.

Soviel ist nun sicher: Mike ist ein Feuermensch mit einem starken Hang zur Individualität, und er wäre sicher geeignet, eine Abteilung selbst zu führen. Aber der Teamleiter ist Peter. Claudia ist sich sicher, dass hier der Grund für die Missstimmung in der Abteilung liegt. Mike ist außerdem als Feuermensch keineswegs gut geeignet, die kreativen Ideen von Sven zu kontrollieren oder gründlich auszuarbeiten.

Peter – der Teamleiter

Peter kommt langsam und mit hängenden Schultern in Claudias Büro. Sein weißes Haar lichtet sich schon am Oberkopf, alle seine Gesichtszüge wirken hängend. Claudia fallen auch die tiefen Falten vor seinen Ohren und die tief eingekerbte Naso-Labialfalte auf. Die Lippen sind blaß und zusammengepreßt, die Mundwinkel neigen sich nach unten. Auffällig ist zudem der graue Teint.

Peter ist ein Wassermensch. Er fühlt sich von seiner Verantwortung belastet. Die vielen Hinweise auf eine körper-

liche Schwäche können aber nicht nur durch sein Alter oder den Wassertypus begründet sein. Insbesondere die Lippen weisen auf Schmerzen hin. Claudia fragt nach und erfährt, dass Peter an einem Magengeschwür leidet. Erschreckend sind auch die glasigen, starr blickenden Augen. Außerdem fällt Claudia auf, wie Peter in diesem Augenblick die Füße kreuzt. Möglicherweise verbirgt er etwas – z.B. eine weit schwerere Erkrankung.

Die eng anliegenden Ohren, ein seltenes Merkmal, zeigen, dass Peter seinen Körper mit Willenskraft voll und ganz beherrscht. Auch bei Schwäche oder mit Schmerzen verlangt er sich noch Höchstleistungen ab. Die äußeren Augenwinkel neigen sich nach unten, folglich werden die Fehler anderer sofort wahrgenommen und scharf kritisiert. Peter hält sich dabei wahrscheinlich für objektiv. Seine Schläfen werden nach oben hin schmaler. Er lebt also stärker in der Vergangenheitsbetrachtung. Ständig neue Situationen dürften bei ihm Unbehagen auslösen. Die gerade Stirn verhilft Peter dazu, alles zunächst folgerichtig zu durchdenken. Erst wenn er sich einen Überblick verschafft hat, handelt er. Dadurch entsteht die Möglichkeit, sich völlig neu zu orientieren und Fehler der Vergangenheit zu vermeiden. Situationen, die sofortiges Handeln erfordern, ohne den Sinn erkannt zu haben, lösen tiefe Verunsicherung und Ablehnung aus. Das ist natürlich für eine Abteilung, wo man sich kreativ mit dem ständig wechselnden Kundenverhalten beschäftigen soll, eher ein Problem.

Der Abstand zwischen Nase und Oberlippe ist sehr kurz, das heißt, Peter nimmt alle Dinge sehr persönlich und ist infolgedessen seelisch leicht zu verletzen. Die objektive Betrachtung einer Angelegenheit ist unmöglich. Der Kiefer ist

schmal, also mangelt es Peter an Führungskraft. Das breite Kinn allerdings weist darauf hin, dass er seine Interessen durchaus zu wahren versteht.

Schlussfolgerung

Claudia steht vor keiner einfachen Aufgabe. Einzig Sven ist tatsächlich für seine Stelle geeignet. Zwar wäre Mike der bessere Teamleiter, allerdings mit Sicherheit kein besonders umgänglicher Vorgesetzter. Peter hat gesundheitliche Probleme, ist eher nachtragend und kritisiert viel; Veränderungen machen ihm zu schaffen. Er ist in der Rolle des Teamleiters auf jeden Fall eine problematische Besetzung!

Claudia kann das Problem der Zusammenarbeit nur durch eine Versetzung von Peter oder von Mike lösen. Im Sinne des Arbeitszieles der Abteilung wäre eine Versetzung Peters mit Sicherheit die bessere Entscheidung. Claudia hat Glück: Schließlich ist es Peter selbst, der aufgrund seiner schlechten Gesundheit den vorzeitigen Ruhestand beantragt. Claudia erreicht für ihn die beste finanzielle Regelung. Mike wird zum Teamleiter ernannt. Da er die anliegenden Aufgaben schnell umsetzen will, ist Sven mit dieser Regelung durchaus zufrieden. Claudia wäre gut beraten, als dritte Person im Bunde einen ausgleichenden Erdetypus zu suchen, der zwischen Sven und Mike vermittelt.

Schlusswort

An den vorgestellten Beispielen haben Sie gesehen, dass es zunächst ausreicht, sich auf das zu konzentrieren, was Ihnen bei einem Menschen an Merkmalen auffällt. Wichtige Aussagen wiederholen sich in der Physiognomie. Die harmonische Ausformung der Augen, Ohren oder der Nase wirken auf den ersten Blick normal oder unauffällig. Meist liegt hier das Potential, über das eine Person verfügt, um mit den anderen, womöglich komplizierteren Eigenschaften zurechtzukommen.

Zur Verfeinerung Ihrer Beobachtungsgabe ist es gut, wenn Sie sich nach und nach auf diejenigen Formen konzentrieren, deren Wahrnehmung Ihnen auf den ersten Blick nicht so leicht fällt.

Sie werden bald feststellen, wie sich Ihre mitmenschlichen Beziehungen zum Besseren verändern, wenn Sie sich den Erkenntnissen der Physiognomie entsprechend verhalten. Die Menschen, mit denen Sie sprechen, arbeiten oder Ihre Freizeit verbringen, werden sich von Ihnen verstanden fühlen. Schon daraus entsteht die Bereitschaft, Ihnen entgegenkommen zu wollen. Aber auch wenn Sie Ihre Anliegen so vorbringen, dass es dem Typ des anderen entspricht, wird er geneigter sein, Ihre Wünsche zu erfüllen.

Haben Sie auch noch das Wissen über die Merkmale des Gesichts, der Gestalt und der Körpersprache integriert, wird es in der Kommunikation mit den Mitmenschen nur noch selten unliebsame Überraschungen geben. Sie werden wissen, wann Sie keine Möglichkeit haben, Ihre Ziele durchzusetzen, und deshalb keine vergeblichen Anstrengungen

unternehmen, die dann doch nur zu Misserfolgen führen. Genausowenig wird es Ihnen in Zukunft passieren können, dass Sie Chancen verspielen oder übersehen, weil Sie die Reaktion eines anderen Menschen nicht verstanden oder falsch interpretiert haben.

Ein wenig Geduld müssen Sie aber schon aufbringen. Verlieren Sie wegen der Fülle der neuen Informationen, die nun auf sie zuströmen, nicht den Mut! Erste Erfolge werden Sie bald beflügeln, denn auch hier gilt: Übung macht den Meister!

Quellenangabe

Bauhofer, Dr. med. U.: Aufbruch zur Stille – Maharishi Ayur Veda, leise Medizin für eine laute Zeit.
Bergisch-Gladbach 1997

Biwer, A. L.: Handlesen auch für Kinderhände.
Darmstadt 2001

Connelly, D.: Das Gesetz der Fünf Elemente.
Heidelberg 1987

Dörfler, J.: Erkenne dich und deine Mitmenschen.
Rastatt 1989

Feichtinger, T./Niedan, S.: Antlitzanalyse in der Biochemie nach Dr. Schüßler. Stuttgart 2001

Glas, N.: Das Antlitz offenbart den Menschen, Band 1+2.
Stuttgart 1961

Kurtz, R./Prestera, H.: Botschaften des Körpers.
München 1979

Porta, J. B.: Menschliche Physiognomie. Frankfurt am Main 1601

Stokes, G./Whiteside, D.: Tools of the Trade – psychologische Kinesiologie. Kirchzarten 2002

Tepperwein, K.: Krankheiten aus dem Gesicht erkennen – Pathophysiognomie. Augsburg 2001

Ebenso erschienen im /Stb

Anne L. Biwer

Handlesen

Auch für Kinderhände

Aus der Hand zu lesen hat nichts mit Mystik zu tun. Es ist jedem Interessierten möglich, die Zeichen der Hand zu entziffern. Nach Anne L. Biwers Einführung in das Thema reicht bald ein Blick auf die Außenhand des Gegenübers, und Sie sind über Wesentliches im Bilde!

187 Seiten

mit zahlreichen s/w-Abbildungen

ISBN 978-3-89767-575-9

Anne L. Biwer

Handbuch Biorhythmus

Entdecken und nutzen Sie die innere Uhr Ihres Körpers

Das Wissen um die Gesetzmäßigkeiten der Lebensrhythmen kann äußerst hilfreich sein, wenn man bereit ist, diese Kurven in der Planung des Alltags zu berücksichtigen. Übersichtliche Tabellen und gut verständliche Rechenhilfen machen dieses Buch zu einem täglichen Begleiter für alle, die in größerem Einklang mit ihrer Energie leben möchten.

143 Seiten

mit zahlreichen s/w-Abbildungen

ISBN 978-3-89767-511-7

272 Seiten

ISBN 978-3-89767-525-4

Anne L. Biwer

Rund ums Räuchern

Anwendung und Wirkung
von Räucherwerk

»Rund ums Räuchern« ist ein Buch für Einsteiger und für alle, die sich für die geschichtlichen Hintergründe des Räucherns interessieren. Einfache Rezepte, eine klare Sprache und leicht in den Alltag umzusetzende Anwendungshinweise stellen das Räuchern als das dar, was es ursprünglich einmal war: ein einfaches Hausmittel zur Stärkung und Genesung, um das Wohlbefinden, die Sinnlichkeit und Liebe zu steigern, zur Förderung der Konzentration und als Unterstützung spiritueller Erfahrungen.

Anne L. Biwer, geboren 1955 und zweisprachig, deutsch-französisch, aufgewachsen, ließ sich zur Erzieherin ausbilden und beschäftigte sich als Folge dieser Tätigkeit mit Waldorf-Pädagogik und Anthroposophie. Anfang der neunziger Jahre begann sie, sich mit der Kunst des Wahrsagens und ihren verschiedenen Formen auseinanderzusetzen, und das so gründlich, dass von ihr dazu bereits mehrere Bücher erschienen sind. Nach einer abgeschlossenen Ausbildung als Heilpraktikerin ist sie nun in eigener Praxis tätig

Email: annebiwerpraxis@aol.com
www.annebiwer.de

Jeder Mensch ist einzigartig von Gestalt und einmalig in seiner Kopfform und der Ausprägung des Antlitzes. Dabei geben Haupt, Gesicht, Gestalt und auch scheinbar unbedeutende Kleinigkeiten wie die Gangart oder die Sitzhaltung oft mehr Aufschluss über die Wesensart und das Verhaltensmuster eines Menschen als lange Gespräche. Die jeweiligen Charakterzüge aus den körperlichen Merkmalen zu deuten, erlernt der Leser in diesem Buch. Wer sein Verhalten dem anderen gegenüber entsprechend ausrichtet, wird staunen, wie sich seine Kommunikationsfähigkeit verbessern wird! Ob privat oder im Beruf, es gibt keinen Bereich, in dem soziale Kontakte stattfinden, der nicht durch die Erkenntnisse, welche aus diesem Buch gewonnen werden können, optimiert werden könnte!

Stb